지은이 **김긍수**

저자는 중앙대학교 예술대학 무용학과 교수로 한국 발레를 이끌
재목들을 양성하는 데 오래도록 힘써 왔다. 국립발레단 단장으
로 재직하던 2002년에는 예술 선진국인 일본과 미국, 러시아 등
에서 열린 해외 순방 공연을 성황리에 마침으로써 K-발레의 위
상을 높이고 대한민국 무용예술의 역량을 국제 무대에 알리는
초석을 마련했다. 이후로도 20년이 지난 현재까지 세계 무용연
맹 한국본부 회장으로서 무용예술의 국제교류와 발전에 기여하
고, 한국의 무용예술이 세계적으로 인정받을 수 있도록 다양한
활동을 통해 많은 노력을 기울이고 있다.

전) 국립발레단 단장 겸 예술감독
현) 중앙대학교 예술대학 공연영상창작학부 무용 전공 교수
현) 세계무용연맹 한국본부 회장
현) 무용교육 혁신위원회 공동대표
현) 사)백림아트 이사장
현) 로얄발레스쿨 코리아 대표
현) 탄츠올림프 아시아 대표

A Ballet Story

발끝으로 서서 읽는 발레 이야기

일러두기
이 책에 나오는 인물들은 결혼 또는 정치적 망명 등 다양한 이유로 한 국가가 아니라 여러 국가에서 활동했기에
도서나 사전, 기사 등에 이름이 각각 다르게 표기되어 있다. 이 책에서는 대중에게 가장 널리 알려진 이름을 사용했다.

발끝으로 서서 읽는 발레 이야기

A Ballet
Story

김긍수 지음 · 강민보 엮음

숨쉼
그림구

"죽기 전에 나도 한 번은 날아오르고 싶어서."

웹툰을 원작으로 만든 드라마 〈나빌레라〉의 대사 중 하나입니다.

드라마 〈나빌레라〉에는 발레를 배우고 싶은 70살의 전직 우체부 할아버지가 등장합니다.

본업에서 은퇴한 70세 할아버지가 느닷없이 발레를 하겠다고 하니 주변 사람들은 너나없이 뜯어말리지요. 급기야 아내는 "자식들에게 민폐 끼치지 말라."는 말로 할아버지의 가슴에 대못을 박습니다. 그래도 발레를 배우겠다는 고집을 꺾지 않는 할아버지에게 발레 교습소에서 만난 23세의 발레 유망주가 물어봅니다. 왜 그렇게 발레가 하고 싶으시냐고.

그 물음에 "죽기 전에 나도 한 번은 날아오르고 싶어서."라는 할아버지의 꿈같은 이 대답, 여러분은 어떻게 들으셨나요? 어쩐지 가슴이 찡하지 않나요?

영화 〈빌리 엘리어트〉의 엔딩 장면은 정말 유명합니다. 2000년에 개봉한 이 영화는 탄광 지역에서 자라며 발레리노를 꿈꾸는 소년의 이야기인데요.

작가 리 홀은 실제로 탄광촌 출신의 발레리노에게 영감을 받아 이 시나리오를 썼다고 합니다. 게다가 리 홀 역시 영화의 배경인 광산지역 더럼 카운티에서 어린 시절을 보냈습니다. 실화와 허구의 경계 어디쯤에서 탄생한 빌리 엘리어트라는 소년이 수많은 반대와 역경을 이겨내고 무대에서 훌쩍 도약하는 모습은 드라마 〈나빌레라〉의 주인공 할아버지의 말대로 정말 하늘로 날아오른 듯한 착각을 불러일으키지요. 당장이라도 등에 감춰 놓은 날개가 펼쳐질 것처럼 아름답고 뭉클한 감동을 줍니다.

그런데 영화를 본 사람들의 뇌리에 단단히 박힌 이 명장면에 대해 여러분은 얼마나 알고 있나요? 〈빌리 엘리어트〉의 마지막 장면에 등장하는 발레리노는 배우가 아닌 아담 쿠퍼라는 실제 발레리노입니다. 그런데 그의 의상이 좀 독특해 보이지 않나요? 아담 쿠퍼는 하얀색 백조 의상을 입고 있습니다. 이제 눈치채셨나요? 네. 맞습니다. 이 영화는, 백조는 당연히 여자라는 당시의 금기를 깨고 남자 무용수가 백조 역할을 맡아 힘차게 하늘로 날아오르는 것으로 끝이 납니다.

이 장면은 단숨에 20세기 말 무용계 최고의 흥행 장면이 되었습니다. 남자 백조가 날아오르는 멋진 점프는 발레에 관심이 없거나 심지어 발레를 한 번도 본 적이 없는 사람들까지도 넋을 잃게 만드는 마력을 발휘했지요. 남성판 〈백조의 호수〉는 한 세기 가까이 우리가 가지고 있던 고정관념의 벽을 한순간에 무너뜨렸습니다. 무용수 한 사람이 선보인 이 장면은 그야말로 메가히트였습니다. 팜므파탈이었던 백조가 옴므파탈이 되는 순간이었으니까요. 아는 만큼 보인다는 말이 있지요? 이제 소년 빌리가 발레리노가 되어 뛰어오르는 이 장면에서 젠더의 금기를 깬 역사적 도약의 순간이 보일 겁니다.

지금까지 발레는 장벽이 높은 유럽 문화의 산물로만 여겨졌습니다. 푸앵트, 플리에, 파 드 되, 땅뒤 등의 용어들도 대부분 프랑스어여서 아무래도 생소하기만 했죠. 외국인들이나 즐기는 유희로만 느껴지기도 하고, 한국인의 체형과는 어울리지 않는다는 생각도 듭니다.

하지만 세계 무대에서 한국 발레의 위상은 우리가 생각하는 것 이상으로 무척 높습니다. 피겨스케이팅의 김연아 선수가 이뤄 낸 것 같은 성과를 우리 한국의 무용수들도 꾸준히 이뤄 내고 있거든요.

세계 최고의 무용수에게 수여하는 '브누아 드 라 당스Benois de la Danse'를 수상한 한국의 발레리노 김기민의 모습을 보면 누구나 입을 다물지 못합니다. 정말 사람이 맞나 싶을 정도거든요. 인간이 중력을 거슬러 어떻게 이런 자세를 취할 수 있을까요?

브누아 드 라 당스는 무용계의 아카데미상 또는 무용계의 노벨상이라고 불리는 무용계 최고의 상입니다. 한국 무용수들은 이 대단한 상을 몇 명이나 받았을까요?

1999년 강수진, 2006년 김주원, 2016년 김기민, 2018년 박세은, 그리고 2023년 강미선까지 무려 다섯 명이나 됩니다. 특히 가장 최근에 수상한 강미선 발레리나는 토종 국내파인 데다가 아이를 낳으면 경력이 단절되는 발레리나의 한계를 극복하고 출산 후 무대로 돌아와 브누아 드 라 당스의 영예를 안았다 하니, 정말이지 경이로운 기록이 아닐 수 없습니다.

영화 〈기생충〉과 드라마 〈오징어 게임〉 같은 K-콘텐츠가 세계 시장에서 쾌거를 이루고, 피아니스트 조성진과 임윤찬의 K-클래식이 국제 콩쿠르의 정상에 선 지금 K-발레 역시 세계의 내로라하는 무용수들을 제치고 세계 최고의 자리에 올랐다는 사실을 우리는 자랑스러워해야 합니다.

이 책에는 세계 무용사에 한 획을 그은 위대한 무용수들이 여럿 등장합니다. 그들의 파란만장한 발레 인생을 따라가다 보면 자연스럽게 인물 뒤에 숨겨진 발레사를 알게 되고, 어느덧 발레 무대에 찬사를 보내고 있는 여러분의 모습을 발견하실 겁니다. 머리가 아닌 가슴으로 발레를 느끼면서 말이지요.

"춤을 추지 않는 사람은 인생을 알지 못한다."는 말이 있습니다. 그만큼 인간은 아득한 옛날부터 춤을 춰 왔습니다. 무용은 모든 예술 가운데 가장 오래된 예술 형태입니다. 그리고 인류가 경험한 시련의 역사와 함께 성장해 왔죠.

1841년 파리 오페라극장에서는 발레 〈지젤〉의 초연이 있었습니다. 죽음을 뛰어넘는 사랑을 그린 〈지젤〉에서 무용수들은 발끝으로 땅을 딛고 서서 춤을 추는 '푸앵트pointe' 동작을 처음으로 선보였지요. 발끝으로 서서 추는 이 고난도 동작은 중력에서 벗어나려는 몸부림이자 인간 육체의 한계를 극복하고 신에게 더 가까이 다가가려는 의지이지요.

인간이 추는 춤 가운데 가장 우아한 춤이라는 발레는 혁명과 전쟁으로 몸살을 앓는 와중에도 지구촌 역사 곳곳에 등장해 우리를 위로했습니다. 오늘날 우리가 무대 위에서 보는 발레는 역사의 기쁨과 아픔 속에서 성장해 와서인지 우리 인생과 똑 닮았습니다.

어떤가요? 여러분도 이 책과 함께 발끝으로 서서 중력을 거스르고 높이 날아오를 준비가 되셨나요? 그럼, 이제 발레로 떠나는 여행을 시작해 보겠습니다.

2024년 봄이 오는 길목에서
저자 김긍수

Contents

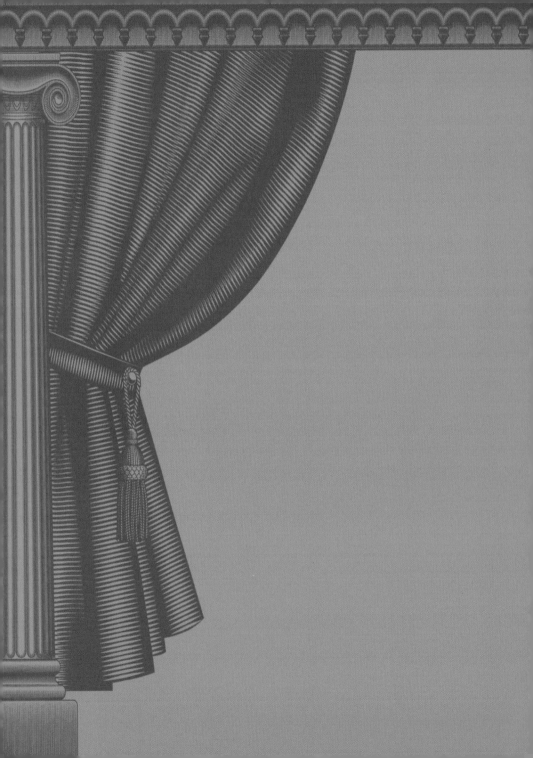

Catherine de Médicis
카트린 드 메디시스
1519~1589

발레 수저를 물고 이웃 나라에서 시집온 왕비

상상을 한 번 해 봅시다.

이탈리아에서 한 여자아이가 막 태어났는데 14일 후 어머니가 사망합니다. 그리고 어머니가 사망한 지 불과 일주일 만에 아버지마저 세상을 떠납니다. 출생 직후 부모님을 모두 잃은 것도 비참한데 부모님이 남긴 재산도 거의 없습니다. 동네에서 알아준다는 점쟁이는 이 불쌍한 아이에게 "엄청난 불행의 씨앗이 된다."라는 저주 같은 예언까지 합니다.

고아가 된 아이는 할머니와 고모, 이모부 등 친척 집을 이리저리 떠돌며 자랍니다. 그 와중에 정치적 혼란에 따른 시민들의 폭동으로 고향 집은 파괴되었고, 미처 도망치지 못한 아이는 수녀원으로 피신합니다. 이때 이 여자아이의 나이는 고작 10살이었습니다.

이뿐만이 아닙니다. 아이는 예쁘지도 늘씬하지도 않은, 박색 중 박색으로 태어나 이성을 사로잡을 만한 매력이 없었습니다. 친척들은 이 못생긴 여자아이를 어디로 시집보낼지를 고민합니다. 아이에게 선택권은 없었습니다. 친척들의 판단에 따라 가장 실속 있는 혼처가 결정되면 군말 없이 그곳으로 시집을 갈 수밖에 없는 처지였지요. 그녀의 6촌 할아버지 교황 클레멘스 7세는 결국 그녀를 해외로 시집보내기로 합니다.

이 파란만장한 어린 시절을 보낸 불행한 여자아이가 바로 프랑스 발레의 문을 연 카트린 드 메디시스입니다. 이탈리아 피렌체에 있는 메디치 가문의 마지막 핏줄이자 프랑스 왕가로 시집가서 훗날 '검은 왕비'라는 별명을 얻은 왕비입니다.

우리가 생각하는 발레의 이미지는 늘씬하고 아름다운 여성이 하얀색 튀튀tutu(프랑스어로 클래식 발레리나가 입는 치마. 종아리까지 오는 종 모양의 로맨틱 튀튀와 짧고 옆으로 퍼진 형태의 클래식 튀튀, 두 종류로 크게 나뉜다.)를 입은 모습인데, 발레 역사의 시작인 사진 속 카트린 드 메디시스의 모습은 새까만 복장에 못생기고 딱딱한 표정이어서 솔직히 꽤 당황스럽습니다.

하지만 이 여성을 절대 우습게 보면 안 됩니다. 비록 몰락한 가문의 혈통을 이은 마지막 인물로서 애처로운 처지에 놓인 인생이었지만 앞서 말했다시피 그녀의 몸에는 르네상스 문화와 예술을 주도했던 메디치 가문의 피가 흐르고 있었기 때문이지요.

메디치 가문의 명성은 너무나도 유명합니다. 이 가문은 르네상스 시대에 금융 사업을 토대로 얻은 막대한 부로 권력을 휘둘렀고, 미켈란젤로나 레오나르도 다빈치 같은 예술가들을 지원하며 이탈리아의 문화 예술뿐만 아니라 정치, 경제적으로도 중추적인 역할을 했습니다.

카트린 드 메디시스는 비록 불우한 환경에서 태어났으나 영향력 있는 가문의 핏줄이 흐른다는 이유로 외교적으로 정략결혼의 대상이 됩니다. 때마침 프랑스와 이탈리아는 에스파냐 왕국을 견

메디치가 문장

제하기 위해 서로 동맹을 맺어야 했기에 카트린의 6촌 할아버지뻘인 교황 클리멘스 7세는 그녀를 프랑스 왕인 프랑수아 1세의 둘째 아들과 결혼시키기로 합니다. 그리하여 그녀는 프랑스 발루아 왕조의 앙리 2세와 결혼합니다. 그 시절 귀족들의 결혼은 완전한 비즈니스였습니다.

프랑스 궁중에 전한 발레

고난의 어린 시절을 보내고 드디어 프랑스 왕가에 입성해 이웃 나라 왕자님과 결혼을 했으니 동화 속 이야기처럼 오래오래 행복하게 잘 살았다면 얼마나 좋았을까요. 하지만 현실은 그렇지 않았습니다. 그녀의 불행은 결혼한 뒤에도 끝나지 않았습니다. 카트린의 남편에게는 무려 20살 연상의

앙리 2세

애인 디안이 있었기 때문입니다. 카트린의 남편 앙리 2세는 그녀를 간도 쓸개도 다 빼줄 정도로 사랑했고, 이탈리아에서 건너온 자신의 아내 카트린은 거들떠보지도 않았습니다. 앙리 2세의 초상화로 보아 그가 카트린을 무시해도 될 만큼 딱히 잘생긴 외모도 아니었던 것 같은데 말입니다.

아무튼, 그녀는 남편의 관심을 좀처럼 끌지 못했습니다. 하늘을 봐야 별을 따는데 남편이 쳐다봐 주지 않으니 임신이 될 리가 없었지요. 결혼한 지 10여 년이 다 되어 가도록 후사를 보지 못하자 카트린을 다시 이탈리아로 돌려보내자는 여론까지 일며 그녀의 위치는 불안정해집니다.

하지만 그녀가 누굽니까? 메디치 가문이 괜히 피렌체의 최고 명문가가 아니지요. 비록 약속했던 지참금을 내지 못할 정도로 돈도 없고 아무런 뒷배도 없었지만, 프랑스로 건너온 그녀의 손에는 마키아벨리의 《군주

앙리 2세의 평생 연인 디안

론》이 있었습니다. 피렌체 출신의 정치가인 마키아벨리가 로렌츠 2세 데 메디치에게 헌정한 이 《군주론》이라는 책은 메디치 가문 사람이라면 누구나 달달 외울 정도로 중요하게 생각했던 정치 서적이었습니다. 카트린은 모멸감을 견디며 군주론의 내용을 곱씹고 또 곱씹었습니다.

《군주론》 표지

중요한 것은 자신이 맡은 역할을 잘 해내고 적절하게 본심을 숨기고 못 본 척할 줄도 알아야 한다는 것이다.
– 마키아벨리 《군주론》 중

마키아밸리

어디서 많이 들어 본 내용 같지 않습니까? '며느리는 귀머거리 삼 년, 벙어리 삼 년'이라는 우리나라 속담이 떠오릅니다. 적절하게 모른 척 처신하면서 묵묵히 자기 할 일을 하라는 가르침이었지요.

카트린은 외모가 매력적이지는 않았으나 지적이고 총명한 여자였습니다. 그녀는 《군주론》의 가르침대로 묵묵히 자기 자리를 지키며 피렌체 명문가에서 익힌 이탈리아의 예술적인 감각과 에티켓, 요리 등을 당시 프랑스 궁중에 전파합니다.

카트린은 자신과 함께 프랑스로 건너온 이탈리아 요리사에게 맛있는 음식을 식탁에 올리도록 주문했고, 식사예법도 전했습니다. 당시 프랑스에서는 포크를 사용하지 않았고 과자라는 것도 없었습니다. 오늘날 프랑스의 대표적인 고급 과자로 알려진 마카롱도 실은 이탈리아가 원조이며, 16세기에 카트린이 프랑스로 오면서 그 레시피가 전해진 것이라고 합니다.

유난히도 이탈리아 문화를 즐겼던 시아버지 프랑수와 1세는 이탈리아에서 온 며느리에게 왕실의 연회와 축제를 담당하도록 했습니다. 시아버지의 지원까지 받아낸 그녀는 물 만난 물고기처럼 프랑스 궁중문화에 이탈리아의 춤과 공연을 전파합니다. 이것이 바로 발레Ballet입니다. 발레는 '춤을 추다'라는 이탈리아어 'Ballare'에서 유래한 말입니다.

검은 왕비가 된 카트린

공작 부인이었던 카트린에게 일생의 변화가 생겼습니다. 시아버지 프랑수와 1세 왕의 뒤를 이을 왕태자인 프랑수와가 갑작스레 사망하면서 차남이었던 앙리 2세가 왕위 계승자가 된 것입니다. 왕비의 자리가 그녀를 기다리고 있었던 것이지요. 그러나 남편 앙리 2세는 여전히 카트린에게 마음을 주지 않았습니다.

예술적 감각이 뛰어난 카트린은 자신이 주관한 연회의 마지막 장면을 돌고래로 장식합니다. 돌고래는 왕태자를 상징하는 것이었지요. 남편의 외면을 더는 두고 볼 수 없었던 카트린이 발레 공연을 통해 '나도 자식을 갖게 해 달라'는 메시지를 남편에게 공개적으로 보낸 것이었습니다.

그녀의 진심이 통했는지 무심했던 남편 앙리 2세의 마음이 조금씩 부드러워집니다. 실컷 바람을 피우다가도 필요할 때면 종종 카트린을 찾아왔지요. 그럴 때마다 카트린은 자신의 쾌활함을 발휘해 무뚝뚝한 남편의 마음을 잡기 위해 무던히도 노력합니다. 그렇게 보낸 결혼생활 11년 만에 드디어 카트린은 아들을 낳습니다. 한 번이 어렵지 그다음부터는 쉽다고 했던가요? 그 뒤로 카트린은 앙리 2세와의 사이에서 11년 동안 무려 10명의 자녀를 낳습니다. 대단한 생산력이 아닐 수 없습니다.

1547년 앙리 2세가 즉위하면서 카트린은 어엿한 프랑스 왕비가 됩니다. 그럼 프랑스의 왕비까지 되었으니 그 뒤로는 행복해졌나구요? 슬프게도 여전히 그렇지가 않았습니다.

금실이 좋았다고 할 수는 없었지만 그래도 카트린은 무척이나 남편을 사랑했습니다. 하지만 남편 앙리 2세가 말을 타고 하는 창 겨루기 시합에서 안면을 정통으로 가격당하는 사고를 당한 지 10일 만에 세상을 떠나고 맙니다.

앙리 2세가 이런 어처구니없는 사고로 죽음을 맞이한다는 것을 미리 예언한 사람이 있었는데, 그가 바로 노스트라다무스였습니다. 이 사건은 지금까지도 널리 알려진 노스트라다무스의 예언(1555년)이 현실로 이루어진 대표적인 사례로, 세간에 큰 충격을 주었습니다. 훗날 프랑스 왕가가 그의 예언에 지나치게 의지하는 경향을 보인 것 역시 이 사건이 중요한 동기가 되었지요.

남편이 죽고 난 뒤 너무나 상심이 컸던 그녀는 그때부터 자신의 방안을 온통 검은색 커튼과 벽지로 바꾸었고, 검은 옷만 입고 검은 베일을 쓰고 다녔다고 합니다. 그렇게 해서 카트린은 이른바 프랑스의 '검은 왕비'가 되었습니다.

그런데 그녀의 불행은 거기서 끝이 아니었습니다. 남편이 죽은 뒤 그녀의 아이들마저 줄줄이 세상을 떠납니다. 앙리 2세의 뒤를 이어 프랑수아 2세, 샤를 9세, 앙리 3세까지 모두 후사도 남기지 못하고 요절하고 만 것이지요. 놀랍게도 신비술에 통달한 유대인 출신의 프랑스인 노스트라다무스는 신비스러운 의식을 통해 프랑수아 2세와 동생인 샤를 9세, 앙리 3세까지 몇 년 안에 죽음을 맞는다는 것을 전부 예언했다고 합니다. 남편과 자식들까지 먼저 하늘로 보낸 카트린, 대체 그녀는 언제쯤 행복해졌을까요?

정치에 이용된 발레, 20세기 발레의 초석으로

갑작스러운 왕의 죽음으로 어린 나이에 졸지에 왕위에 오른 아들을 대신해 섭정에 들어간 카트린은 왕실의 위엄과 기강을 바로 세워야만 했습니다. 자신의 어린 아들이 신들에 버금가는 위대한 왕이라고 사람들을 설득해야 했지요. 이때부터 카트린은 자신의 예술적 역량을 아낌없이 발휘합니다.

〈왕비의 발레 코미크〉 공연 당시를 그린 삽화

1581년 10월 15일, 카트린이 주도한 최초의 발레 공연 〈왕비의 발레 코미크Ballet Comique de la Reine〉가 무대에 오릅니다. 왕가의 결혼식 축하 공연으로 준비된 〈왕비의 발레 코미크〉는 밤 10시에 시작해서 다음 날 새벽 3시 30분에 끝이 났다고 하는데요. 무려 5시간 30분에 걸친 긴 공연은 온통 왕의 위대함을 선전하는 내용으로 가득했다고 합니다.

이 공연의 화려한 무대장치는 오늘날의 시각으로 봐도 손색이 없을 정도로 압권이었습니다. 특히 청록색 분수로 된 전차의 높이는 무려 7미터에 이르렀다고 합니다. 그 분수에는 세 개의 수반이 있었는데, 첫 번째 수반에는 왕비를 포함한 12명의 물의 요정들이 금빛 의자에 앉아 있었습니다. 당연히 왕가의 경이로움을 보여 주려는 의도였습니다. 지금으로 치면 대통령실 홍보영상이라고 생각하면 되겠지요.

〈왕비의 발레 코미크〉를 최초의 발레로 지목하는 이유는, 이 공연이 이전에 열렸던 어떤 연회보다 장대하고 안무가 탁월했기 때문입니다. 기록에 따르면 이 공연에는 귀부인들이 직접 나와서 춤을 추었는데 '어떤 부인도 순서를 틀리지 않았다'고 합니다. 무대의 정확성과 세심함에 그토록 주의를 기울였다는 뜻이지요. 뭐, 굳이 따져 보면 왕족 앞에서 공연 순서를 틀리는 간 큰 사람이 있을 수 없지만 말입니다.

또한 〈왕비의 발레 코미크〉에선 허술할지언정 춤을 통해 극적인 스토리를 펼쳐 보였습니다. 단순한 몸동작만이 아닌 메시지와 내용이 들어간 발레 공연이었던 것이지요. 그리고 이것은 20세기에 이르러서도 발레의 기본적인 성격으로 자리매김합니다.

　오락거리가 부족했던 심심한 귀족들 사이에서 〈왕비의 발레 코미크〉는 당연히 대성공을 거두었고, 다른 유럽 왕실에서도 앞다투어 발레 공연을 따라하기 시작합니다. 그 영향으로 17세기 프랑스가 그야말로 발레의 중심지가 되었으니, 카트린 이 여자, 보통내기가 아니지요?

　그러나 여기서 그녀의 고통이 끝난 건 아니었습니다. 그녀를 그토록 고통스럽게 했던 후사 문제가 후대에도 이어졌기 때문입니다. 그녀는 그 간절함을 발레 공연에 투영합니다. 자녀들이 후사가 없는 것을 그냥 두었다간 왕조의 대가 끊길지도 모를 일이었으니까요.

　〈왕비의 발레 코미크〉에 등장하는 청록색 분수에는 이런 카트린의 희망이 여실히 드러납니다. 그녀는 남편이 살아 있을 때 그랬던 것처럼 분수 뒷부분에 왕태자를 상징하는 돌고래를 다시 만들어 넣습니다. 그만큼 이 공연은 프랑스 왕가의 정치적 목적뿐만 아니라 왕가 번영의 염원까지 담은 행사였다는 말이지요.

　이렇듯 프랑스 발레의 시작은 정략결혼으로 이탈리아에서 프랑스로 건너온 카트린 드 메디시스란 여성을 빼놓고는 설명할 수 없습니다. 그런데 프랑스의 발레가 어디서 어떻게 누구에게서 시작됐는지를 이야기하다 보니 메디치 가문이며, 마키아벨리의 《군주론》이며, 노스트라다무스까지 우리가 익히 들어 알고 있던 흥미로운 단어들이 줄줄이 나오는군요. 단지 발레를 이야기했을 뿐인데 말입니다.

전차 분수
(Fountain chariot from the Ballet Comique de la Reine)

Louis XIV

루이 14세

1638~1715

센 척하려고 춤을 춘 왕

잔근육으로 다져진 곧게 뻗은 다리맵
시, 장식이 달린 세련된 하이힐, 타이츠의 레
이스 장식에 어울리는 우아한 자세까지. 이
아름다운 다리는 어느 여인의 모습일까요?
한번 상상해 보세요.

놀랍게도 사진의 주인공은 여자가 아닌 남
자입니다. 그것도 상당히 여성적인 인물일 거
라는 예상과는 달리 "짐이 곧 국가다"라는 말로
이름난 프랑스 최고의 절대권력자 루이 14세라니
믿어지시나요? 그런 그가 마지막에 남긴 말은 "짐은 이제 죽는다. 그러나 국
가는 영원하리라"였다고 하니 아이러니하지 않나요?

루이 14세는 세계사를 통틀어 가장 유명한 군주 중 한 명으로 '절대왕권'
을 떼어놓고는 생각할 수 없는 인물입니다. 막강한 권력을 쥐고 흔들며 재임
하는 동안 끝도 없이 많은 전쟁을 일으킨 것으로도 유명하고요. 그런 사람
치곤 의외로 자태가 너무 곱지 않습니까?

루이 14세 통치 시절 왕과 가까운 거리에서 그를 보아온 최고 서열의 중신, 생시몽 공작은 회고록에서 루이 14세를 이렇게 묘사했습니다.

루이 14세는 영웅 같은 자태에 위엄이 배어 있어서 작은 몸짓까지도 오만하지 않고 장중하게 보였다. 그 완벽한 표정과 위엄 어린 분위기는 조각가가 모델로 삼고 싶을 정도이고, 아무도 흉내 낼 수 없는 우아함과 매력이 있었다.

이렇게 철철 넘치는 루이 14세의 우아함은 과연 어디서 나왔을까요? 태생을 거슬러 올라가 보면, 그는 아버지 루이 13세와 어머니 안 도트리슈 왕비가 무려 23년 만에 얻은 왕자였습니다. 탄생부터 극적이었기 때문에 그는 태어나자마자 국가적 축복을 받으며 '신의 선물'이라고 불리기 시작합니다.

그러나 말 그대로 귀한 몸이었던 그의 어린 시절은 예상과는 달리 불행했습니다. 5살이 채 되지 않았을 때 아버지인 루이 13세가 세상을 떠났고 그 바람에 겨우 다섯 살배기 꼬꼬마가 왕위에 오르게 되었지요. 한창 장난감 가지고 뛰어놀 나이에 한 나라의 왕이 되었으니 통치는 당연히 불가능했지요. 어머니 안 도트리슈 왕비가 아들 대신 섭정을 했지만, 어머니도 정치에 능숙한 사람은 아니었습니다. 그녀는 추기경이자 재상이었던 쥘 마자랭에게 권력을 쥐여 주고 전적으로 의존하기 시작했습니다. 그야말로 쥘 마자랭의 세상이 된 것이지요.

〈프롱드의 난〉 역사화

루이 14세, 발레의 힘을 빌린 나약한 왕

사진은 어린 시절 루이 14세의 초상화입니다. 분명 귀엽고 잘 생겼으나 어딘지 모르게 유약해 보입니다.

마자랭의 야욕은 엄청났지만, 권력은 영원하지 않았습니다. 그로부터 5년 뒤, 프랑스 귀족들이 들고일어난 '프롱드의 난'이 터졌기 때문이지요. '프롱드의 난'은 왕권 강화를 위한 약정서에 서명하지 않는다는 이유로 마자랭이 고등법원의 평정관(지금의 대법관)을 납치한 데 반발해서 일어난 폭동이었습니다. 마자랭과 루이 14세를 포함한 왕가

8살의 루이 14세

사람들은 성난 폭도 무리를 피해 파리를 탈출해야만 했습니다.

이 '프롱드의 난'은 어린 루이 14세의 인생을 뒤흔들 만큼 커다란 트라우마를 남겼습니다. 갑자기 일어난 반란에 제대로 된 준비도 없이 피난을 떠난 루이 14세는 신의 선물이라는 칭호가 무색할 만큼 굴욕적인 도피 생활을 합니다. 진압한 왕족들에게 감시를 받거나, 자신의 행차에도 귀족들이 마차를 멈추지 않고 지나가며 무시하는 일도 예사였으며, 심지어 하녀들까지도 왕을 조롱했다니 그럴 만도 합니다.

게다가 피난 생활을 하다가 성난 폭도들을 만나 죽음의 위기에 처했을 때는 목숨을 지키기 위해 침대에 누워 자는 척을 해야만 했습니다. 어머니 안도트리슈 왕비는 루이 14세를 해치러 온 폭도들에게 잠자는 어린 왕을 보여주며 눈물로 호소했고, 그 덕분에 간신히 목숨을 건질 수 있었습니다.

이 사건이 어린 꼬마였던 그에게 얼마나 충격적인 기억으로 남았을지, 눈

으로 보지는 않았어도 충분히 짐작이 갑니다. 바로 이때의 경험이 그의 성격을 형성하는 데 결정적인 요인이 됩니다.

당파싸움으로 생긴 분열과 피로감으로 5년 동안 계속됐던 '프롱드의 난'이 비로소 끝이 났을 때 루이 14세는 고작 15살이었습니다. 다시 파리로 돌아와 대관식을 올리고 진짜 왕위에 올랐으나 그는 항상 마음이 불안했지요.

뼈저리게 두려움을 느꼈던 루이 14세는 그때부터 기필코 왕권을 강화하리라 다짐합니다. 하지만 아직도 무기력한 존재인 그가 할 수 있는 게 뭐가 있었겠습니까?

15살이었던 소년은 자신의 나약함을 숨기고 힘을 과시하기 위해 춤을 추기 시작합니다. 춤은 그에게 자신의 존재를 만방에 알릴 수 있는 거의 유일한 수단이자 위안이었습니다. 루이 14세는 군주로서의 정당성을 신하들에게 공표하기 위해 궁정 발레의 선전 효과를 이용합니다. 궁정 발레를 절대권력의 상징인 여흥에 활용했던 겁니다.

스스로 태양왕이 되어 강력한 왕권을 다진 루이 14세

페르소나persona라는 말을 아시나요? 이 단어는 연극에서 얼굴에 쓰는 탈을 뜻하는 라틴어 'prosōpon'에서 유래한 것으로, 원래는 고대 그리스 배우들이 쓰는 연극용 가면을 일컫는 말이었지요. 그러다가 시간이 흘러 현대에 이르러서는 다양한 사회적 맥락에서 개인의 성격이나 역할, 이미지를 묘사하는 의미로 많이 쓰입니다. 실제 성격과는 다르지만 다른 사람 눈에 비치는 사회 속 개인의 모습을 지칭하는 용어가 된 것이지요.

1653년 아직 15살밖에 되지 않은 프랑스의 젊은 왕 루이 14세는 프롱드 난을 일으킨 정적들의 종말을 알리고, 자신의 권능을 뽐내려는 의도로 파리 루브르 궁전에서 〈밤의 발레Ballet de la Nuit〉를 공연합니다.

이 공연에서 루이 14세는 직접 무용수로 나서서 춤을 춥니다. 〈밤의 발레〉 4부 마지막 장면에서 떠오르는 태양을 상징하는 금빛 찬란한 의상을 입고

〈밤의 발레〉에 출연한 루이 14세

등장한 것이지요. 그는 자신을 태양왕 페르소나와 연관시키는
그리스 태양의 신 아폴로로 묘사합니다.

이 젊은 왕은 화려한 궁정 발레의 힘
을 빌려 태양왕이라는 사회적 페르소나
역할을 완벽하게 수행합니다. 굴곡 많은
유년기 소년이 아닌, 세계사에 길이 남는
루이 14세가 탄생하는 순간이었습니다.

이때부터 루이 14세는 프랑스 군주제의 기
초를 다지며 문화의 중심인물인 태양왕의 이
미지를 굳힙니다. 지금까지 루이 14세가 태양왕
으로 묘사되는 것도 그 덕분이지요.

제라르 코르비오 감독은 영화 〈왕의 춤〉에서
루이 14세가 태양왕의 분장을 하고 출연하는 이
장면을 멋지게 재현했습니다. 루이 14세가 춤을 추
는 영화의 한 장면을 보면 그가 왜 태양왕으로 불리
는지를 충분히 알 수 있습니다. 젊은 루이가 태양신
아폴로의 의상을 차려입고 무대에 서면 온 귀족들이
우러러보며 "태양왕 만세!"를 외치기 때문이지요.

영화 속에서 루이 14세는 춤을 추며 이렇게 말합니다.

"권력, 쾌락, 광명!"

이 세 단어는 궁정 발레를 아주 잘 표현한 단어입니다.

이때부터 루이 14세는 발레로 재미를 좀 봤나 봅니다. 그
는 정신적 영향력을 막강하게 발휘하는 발레 공연을 점점 더
큰 규모로 확대합니다. 그러면서 이제 우스꽝스러운 그로테스
크 발레를 폐지하고 왕권에 어울리지 않는 소궁정 발레를 억압
하기 시작합니다. 오직 군주만이 만들 수 있는 대궁정 발레만을

〈밤의 발레〉 악보

허락함으로써 귀족들이 발레 공연을 열어 자신의 경쟁상대가 되는 것을 용납하지 않으려는 것이었지요.

발레의 호사로움은 그의 통치 아래 빈번히 벌어지는 정치적 분쟁 속에서 기분 전환을 위한 오락거리를 제공해 주었고 사람들의 마음을 진정시켰습니다. 혼란스러운 상황에서도 발레는 사람들의 폭력성을 누그러뜨렸고, 그 말 많고 탈 많은 프랑스 귀족들을 궁정에 예속시켜 그들의 세력을 약화하는 역할까지 해냈습니다.

태양왕은 여기서 멈추지 않습니다. 이 기세를 몰아 그는 사병을 개혁합니다. 게다가 모든 문서를 왕궁에 보고하게 만드는 등 강력한 카리스마를 발휘합니다. 게다가 과거 아버지 루이 13세의 사냥터였던 장소를 유럽 최고의 왕궁인 베르사유 궁전으로 탈바꿈시키는 작업에 들어갑니다.

무용 훈련에 뛰어든 귀족들, 필수 과목이 된 무용 교육

베르사유 궁전은 루이 14세의 막대한 권력으로 지어진 호화로운 건물과 광대한 정원으로 유명합니다. 그리고 특히 거울의 방이 유명하지요. 거울의 방은 베르사유 궁전 중앙부 2층에 있는 너비 10미터, 길이 75미터의 방인데, 베네치아산 거울로 일종의 위창fake window을 만들어 놓았다고 해서 '거울의 방'으로 불립니다. 거울의 방 천장에는 루이 14세를 상징하는 태양왕 아폴로가 그려져 있습니다. 거울에 반사되는 조명 효과 덕분에 화려함과 위엄은 극치에 달했습니다. 루이 14세는 이 화려한 거울의 방에서 주기적으로 발레 공연을 열었습니다. 얼마나 호사스러웠을까요?

귀족들은 발레를 더는 단순한 오락거리로 여기지 못합니다.

태양왕 루이 14세가 발레 무대로 사용했던 베르사유 궁전 거울의 방

아니, 오히려 왕이 친히 출연하는 발레 공연에서 함께 춤을 추는 영광을 누리기 위해 앞다투어 무용 훈련에 뛰어들지요.

무용 교육은 지금의 주요 과목인 국, 영, 수보다 더 중요한 필수 과목이 되었습니다. 기품 있는 행동과 도도하게 고개를 쳐든 고귀한 자세는 귀족의 조건으로 여겨져 심지어 걸을 때나 가만히 서 있을 때조차 발레의 기본자세를 하고 있었다고 합니다.

루이 14세의 추진력은 대단했던 것 같습니다. 그는 왕립무용아카데미까지 신설합니다. 왕립무용아카데미의 목표는 분명했습니다. 1662년 등록된 허가서에는 왕의 의도가 이렇게 설명되어 있습니다.

무용은 육체를 건강하게 하고 여러 종류의 훈련 중
무기를 사용하는 훈련에 적합하고 중요하다.
결과적으로 무용은 전시에는 군대에서,
평화 시에는 발레 무대에서 짐과 가까운 귀족들에게
가장 유익하며……

루이 14세는 이처럼 왕의 권위로 가장 경험 많은 전문가를 기용해 왕립아카데미를 통해 발레의 규칙을 정리하고 우수한 무용수와 교사들을 양성하기로 강력하게 밀어붙인다. 여기서 왕이 발레에 붙여준 지위는 대단히 흥미롭습니다. 귀족들은 이제 전시에는 군 복무를, 평화 시에는 발레에 참여할 의무까지 갖게 된 것이지요. 그는 무용이 전술과 동등하다고 생각했던 것 같습니다.

하지만 이처럼 발레에 애착을 가졌던 그도 중년에 접어들자 몸이 예전 같지 않았나 봅니다. 1670년, 그는 갑작스럽게 발레를 그만둡니다. 그의 은퇴를 두고 여러 가지 설이 있지만 폭식을 즐긴 왕이 비만 때문에 더는 춤을 추기 어려워졌다는 이야기가 가장 타당해 보입니다. 발레를 더 열심히 꾸준히 했다면 비만을 예방할 수 있었을지도 모르는데 말입니다.

왕이 춤을 추지 않게 되자 발레에 열을 올렸던 귀족들 역시 곧바로 발레를 그만둡니다. 왕의 곁에서 춤을 추기 위해 서로 다툴 이유가 없어진 거죠. 권력 앞에서 떠는 알랑방귀가 이렇게 우습습니다.

춤추기를 멈춘 왕, 전문 무용수의 등장

하지만 아이러니하게도 왕과 귀족들이 발레를 멈춘 이 시기에 진정한 발레의 발전이 시작됩니다. 루이 14세가 발레에서 물러나면서 1672년 왕립음악아카데미를 설립했고, 그동안 왕이 하는 발레의 안무와 음악을 담당했던 장 바티스트 륄리를 초대 교장 자리에 앉힌 것입니다.

사실상 귀족들의 친목회에 불과했던 왕립무용아카데미와는 다르게 왕립음악아카데미의 허가서에는 "프랑스어 및 외국어 시로 구성된 음악작품을 적당한 시기에 짐 앞에서 공연하기 위하여 짐에게 올려진 보고서를 기준으로, 짐이 좋다고 선택하고 결정할 수 있도록 일정한 숫자와 자격의 인물로 구성할 것"이라고 명시되어 있습니다. 한마디로 왕에 소속되어 국가에서 체계적으로 관리하는 연극 기획 기관이었던 것이지요.

루이 14세의 춤 선생님이었던 피에르 보샹은 왕립음악아카데미가 설립된 후 이곳에서 발레의 테크닉과 기본원리를 다지는 데 애씁니다. 오늘날까지 발레 자세의 기본이 되는 발의 5가지 포지션과 팔의 12가지 포지션이 바로 이때 만들어집니다. 우리가 발레를 배울 때 맨 처음 배우는 바로 그것이 루이 14세 시대에 만들어졌다는 말입니다. 발레의 초석이 그토록 오래전에 다져졌다니 놀랍기만 합니다.

왕립음악아카데미는 오페라와 발레를 제작하

루이 14세 시절 발레 안무와 음악을 담당했던 장 바스티유 릴리가 베르사유 궁전에서 펼쳤던 발레 공연

는 전문 왕실가무단으로 승승장구합니다. 이것이 바로 세계에서 가장 오래된 국립발레단인 '파리 오페라발레단'의 시작이었습니다.

왕과 귀족이 물러난 무용수의 자리는 전문 발레인들이 채워 나가기 시작합니다. 궁정 발레는 사라지고 지금 우리가 알고 있는 전문 발레가 시작된 것이지요. 역사상 처음으로 '직업 발레'의 개념이 탄생한 것도 이때부터입니다. 또한 남자들 중심이었던 발레계에서 최초로 무용을 직업으로 하는 여성 무용수로 기록된 라 퐁뗀느도 이때 데뷔했습니다.

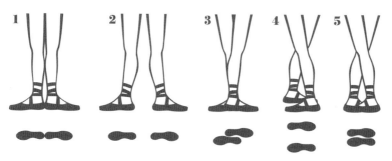

발레의 5가지 발동작

자, 이제 그 유명한 루이 14세의 초상화를 풀 버전으로 볼까요? 듣고 보니 저 다리맵시가 다름 아닌 발레로 다져진 것이라는 생각이 드는군요. 앞서 생시몽 공작이 그토록 칭송했던 루이 14세의 우아함의 비결도 아마 발레 덕분이 아니었을까요? 이쯤 되면 '인류 역사상 가장 유명한 무용수'라는 타이틀을 줘도 되겠습니다.

태양왕 루이 14세

Jean Georges Noverre

장 조르주 노베르

1727~1810

전 세계에서 매년 생일을 챙겨주는 춤의 셰익스피어

4월 29일이 무슨 날인지 아십니까?

세계 무용인들의 축제인 '세계무용의 날'입니다. 세계무용의 날은 유네스코가 1982년에 지정한 국제 기념일로, 각계각층의 사람들이 모여 춤을 통해 문화 교류를 합니다. 그리고 매년 저명한 무용수를 선정하고 그에게 우리 삶 속에서 춤의 중요성과 가치를 반영하는 메시지를 선포하게 하며, 이 날을 축하하도록 독려합니다.

꽃이 만발하는 계절에 열리는 이 축제의 날에 항상 빠지지 않고 입에 오르내리는 사람이 바로 장 조르주 노베르입니다. 세계무용의 날이 근대 발레를 확립시켰다고 평가받는 장 조르주 노베르의 생일을 기념하여 제정되었기 때문입니다.

대체 얼마나 대단한 사람이길래 세계 무용인들의 축제일을 그의 생일로 정했을까요?

장 조르주 노베르는 1727년 프랑스 파리에서 태어났습니다. 태어난 날은 앞에서 말한 대로 4월 29일이고, 스위스 출신의 군인 아버지와 프랑스인 어머니 사이에서 태어났습니다. 그는 아버지의 뒤를 이어 군인이 될 운명이었으나 이미 무용에 마음이 이끌려 무용가가 되길 원했습니다.

군인 아버지의 반대는 실로 대단했다고 합니다. 하지만 자식 이기는 부모 없다는 말처럼 노베르의 아버지는 도저히 아들의 고집을 꺾을 수 없었습니다. 성격이 화통했던 아버지는 결국 무용을 허락했고, 그 뒤로는 적극적으로 아들을 지원해 줍니다. 파리에서 가장 유명하다는 무용 선생님을 수소문해서 아들을 가르칠 정도로요.

그의 무용 실력은 꽤 괜찮았지만 압도적이지는 않았었나 봅니다. 그래서인지 처음 얼마간은 무용수로 활약했지만 이내 안무가로 진로를 바꿉니다. 그러고는 파리의 소극장인 오페라코미크의 예술감독인 발레 마스터로 취직합니다.

그런데 그가 안무가로 진로를 변경한 것은 실로 탁월한 선택이었습니다. 그는 1754년 발레 마스터로 부임하자마자 〈중국의 축제 Les Fêtes Chinoises〉를 무대에 올려 단번에 대단한 성공을 거두었거든요. 그의 작품은 곧바로 이웃 나라 영국으로 전해집니다. 그리고 이듬해 영국의 대배우 데이비드 게릭이 〈중국의 축제〉를 런던에서 공연할 수 있도록 노베르를 초청하지요.

춤의 셰익스피어, 시련의 시작

하지만 우리가 흔히 보아 왔듯 위대한 인물에겐 시련이 따라다니기 마련인가 봅니다. 1755년, 런던에서 발레가 개막되자마자 공교롭게도 영국과 프랑스의 '7년 전쟁'이 터지고 말았거든요. 7년 전쟁은 영국과 프랑스를 중심으로 유럽 대륙이 둘로 갈라져 싸운 전쟁이었는데 정치 상황, 영토 분쟁, 그리고 식민지를 놓고 벌이는 힘의 관계를 재구성한 복잡한 전쟁이었습니다.

생각해 보세요. 우리나라와 일본 사이에서 전쟁이 터졌는데 서울 국립극장에서 일본 무용수들이 발레 공연을 하고 있다면 사람들이 가만히 있겠습니까?

영국과 프랑스, 두 나라의 감정이 최악일 때 강행된 노베르의 공연장에는 영국 국왕 조지 2세가 와 있었는데도 유혈사태가 벌어졌습니다. 사람들이 손에 몽둥이를 들고 쫓아왔던 것이지요. 프랑스의 〈주르날 에트랑제〉라는 잡지는 당시 상황을 이렇게 보도했다고 합니다.

런던의 불량배들은 기고만장해서 몸서리나는 소동을 벌였다.
그들은 의자를 때려 부수고 그것을 반대편에 있는 피트석에다 집어 던졌다.
그런 다음 모든 사람을 학살하려고 무대 위로 기어오르려 했다.

… (중략)

대중은 하나같이 게릭을 불렀으나 그는 당연히 모습을 드러내지 않았다.
대신 그의 파트너들이 나타나 다시는 발레를 공연하지 않겠다고 약속했다.
그러자 불량배들은 아주 만족해서 물러났다.
이 소동은 한밤중까지 계속되었다.

결국, 런던에서의 공연은 안전상의 문제로 막을 내리고 맙니다. 하지만 노베르를 런던으로 초청해온 게릭과 노베르 사이에는 진득한 우정이 시작되었지요. 게릭은 노베르의 발레 작품이 보여 주는 신체 언어에서 문학작품 이상의 위대함을 발견했고 그를 '춤의 셰익스피어'라고 부르며 극찬했습니다. 셰익스피어가 영국인이고 게릭 역시 영국인이었으니, 프랑스인인 노베르는 그 덕분에 춤의 셰익스피어라는 별칭을 얻게 된 것이지요.

노베르는 이처럼 승승장구하며 명성이 자자해졌기에 당연히 유럽 발레의 메카였던, 우리나라로 치면 예술의전당급인 파리 오페라극장의 발레 마스터로 일하게 되기를 바랐지요. 하지만 전임자들의 서열이나 세습 문제가 복잡했던 파리 오페라극장은 왕(루이 15세)의 애첩이었던 마담 퐁파두르의 강력한 입김이 있었는데도 노베르를 채용하지 않았습니다. 그의 실망은 이루 말할 수 없었습니다. 선택지가 별로 없었던 그는 어쩔 수 없이 시골 마을인 리옹의 극장으로 가게 됩니다.

드라마를 도입한 발레, 독립 예술로 발전

하지만 인생사 새옹지마가 아니던가요? 노베르는 시골 마을 리옹에서 발레 역사에 길이 남을 위대한 개혁서인 《무용과 발레에 관한 편지 Lettres sur la danse et sur les ballets》를 집필합니다. 그는 파리 오페라극장에서 외면당한 현실을 괴로워하며 울분을 토해내듯 발레에 대한 자신의 모든 사상과 이념을 송두리째 이 책에 쏟아붓습니다. 이 한 권의 책 덕분에 지금까지도 그의 명성이 이어지고 있다고 해도 과언이 아니지요.

이제부터 이 책이 얼마나 시대를 앞서 나간 대단한 책인지 알아보겠습니다. 제목처럼 일련의 편지체로 쓰인 《무용과 발레에 관한 편지》는 노베르의 상상 속 인물이 무용에 대한 질문을 던지면 노베르가 그것에 대답하는 형식으로 구성되어 있습니다.

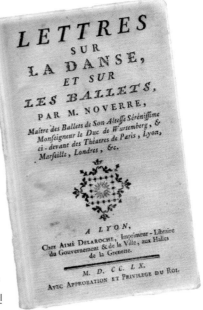

《무용과 발레에 관한 편지》
(Lettres sur la danse et sur les ballets), 1760

그는 이 편지 속에서 발레는 내용을 표현하는 춤으로 전개되어야 하며 단지 보여 주기 위한 묘기 같은 춤은 존재할 이유가 없다고 말합니다. 또한 무용은 음악과 조화를 이룸으로써 더 극적인 효과를 얻을 수 있고, 무용수의 움직임은 자연스럽고 공연의 주제에 적합해야 한다고 말합니다.

나아가 그는 발레란, 회화와 음악 같은 다른 예술을 연구하여 움직임의 자연적 형태를 관찰하고 그려 봐야 한다고 강조합니다. 그럼으로써 이 모든 예술의 요소들이 시와 상상력과 결합할 수 있도록 해야 한다는 말이지요. 노베르는 이 모든 것이 춤의 매커니즘을 형성한다고 주장했습니다.

이 논리가 바로 발레 액션의 정의를 새롭게 정리한 '발레 닥시옹 ballet d'action' 즉, 극적인 발레입니다.

"당연한 말 아니야?" 하고 머리에 물음표가 그려지시나요?

하지만 오늘날에는 당연해 보이는 이 같은 춤의 개념들이 18세기 노베르 이전에는 없었습니다. 심지어 노베르가 《무용과 발레에 관한 편지》에서 이런 주장을 했을 때 많은 천재가 그런 취급을 당했듯, 당시 무용 관계자들에게 분개와 적대감 섞인 비난을 받았습니다. 특히 그가 그토록 가고 싶었던 파리 오페라극장은 노베르에게 저주를 퍼부으며 그를 위험인물로 취급하기까지 했지요.

육체의 동작마다 영혼이 나타나야 한다.

**발레란 동작, 형상, 몸동작으로 표현하는
생기 있고 의미 있는 그림이며 무언의 대화다.**

**시선, 동작 등의 표현력에 풍부한 의미를 담아
그 의미를 즉각적으로 이해할 수 있어야 한다.**

그러니까 오늘날 우리가 발레의 기초라고 이해하는 당연한 생각들조차 당대에는 받아들이기 힘든 주장이었습니다. 안타깝지만 시대를 한발 앞서간 선구자의 인생은 고달프기 마련인가 봅니다.

노베르가 창안한 발레 닥시옹은 춤과 연기, 팬터마임 등을 통한 극적 표현 형식의 발레입니다. 그가 발레에 드라마를 도입한 덕분에 발레가 오늘날 독립된 예술이 되었고, 낭만 발레나 고전 발레가 나온 것도 바로 노베르 덕분이었습니다. 시대를 앞서간 노베르의 위대함이 이제 느껴지시나요?

발레 〈메데이아와 이아손〉에서 볼 수 있는 당시 남녀 의상.
여자들이 무겁고 긴 치마를 입었던 반면, 남자들은 다리를 노출할 수 있었다. 따라서 남자들은 불편한 의상 때문에 거북스러워하는 여자들보다 상대적으로 더 화려한 기술을 보여줄 수 있었다. 노베르는 여성 무용수들에게 부드러운 모직 바이어스(천을 사선으로 재단하는 것)로 의상을 가볍게 만들어 입을 것을 권했다.

가면을 벗어 던진 발레, 혁신의 시작

노베르의 업적은 여기서 그치지 않습니다. 그는 무용으로 자신을 표현하려면 입고 있는 옷부터 바꿔야 한다고 주장합니다.

소름 끼치는 가면을 깨 버릴 것. 우스꽝스러운 남장용 가발을 태워 버릴 것.
거북스러운 패니어(치마를 풍성하게 부풀리기 위해 고래 뼈로 만든 버팀용 지지대)
사용을 금지할 것.

가면을 쓰면 무용수의 표정을 볼 수 없는 것은 당연하지요. 그러니 표정 연기에 가장 큰 장애 요소는 가면이었습니다. 노베르는 이런 의상의 습관적 유행성을 설명하는 데 23쪽이나 되는 지면을 썼습니다.

그깟 가면 하나 벗는 것쯤이야, 하고 생각하실지 모르겠지만 습관과 관습을 바꾼다는 것은 결코 쉬운 일이 아니었습니다. 무용수들은 가면과 거추장스러운 옷을 선뜻 벗어 던지지 못했습니다.

이것이 전부가 아닙니다. 노베르는 교육도 바꿔야 한다고 주장합니다. '재능을 타고나지 않은 사람은 무용보다 다른 것을 하는 것이 차라리 나으니 무용을 강요하는 것은 잘못'이라는 그의 사고방식은 당시로선 대단히 진보적인 생각이었습니다. 각자 자기 적성에 맞는 진로를 찾아야 한다는 말이었지요.

또한 제자들 수준에 대한 책임은 교사에게 있으니 교사들이 해부학을 비롯한 공부를 게을리하지 말라고 요구합니다. 제자보다 스승이 더 공부하고 노력해야 한다는 그의 생각은 파격적이었습니다.

훌륭한 교사가 좀 더 많았더라면
우수한 제자들이 이처럼 드물지 않을 것이다.

**제자들을 각자에게 적합한 곳에 안배하는 것은
근본적으로 스승의 몫이다.**

**나는 내가 원치 않는 것을 제자들에게 요구하지 않았으며
그들 각자의 특징에 따라 관찰하고 강의했다.**

노베르는 이제 리옹을 떠나 독일의 슈투트가르트로 갑니
다. 그곳에서 노베르는 생애를 통틀어 한 직장에서 8년이라
는 가장 긴 시간을 보냅니다. 그가 8년 동안 슈투트가르트
의 발레 마스터로 일하는 동안 작은 도시였던 슈투트가르트
는 '노베르 효과'를 톡톡히 봅니다. 유럽 발레 종사자들이
독일의 슈투트가르트를 주목하기 시작했기 때문이
지요.

슈투트가르트에서 노베르의 가르침 아래 데뷔
한 발레리나 안나 하이넬은 이때 최초로
피루엣pirouette이라는 기술을 시도
합니다. 피루엣은 우리가 흔히 보
는 한 다리로 서서 몸을 팽이처럼
핑그르르 돌리는 동작입니다. 노베르의
교육 효과가 참 대단했지요?

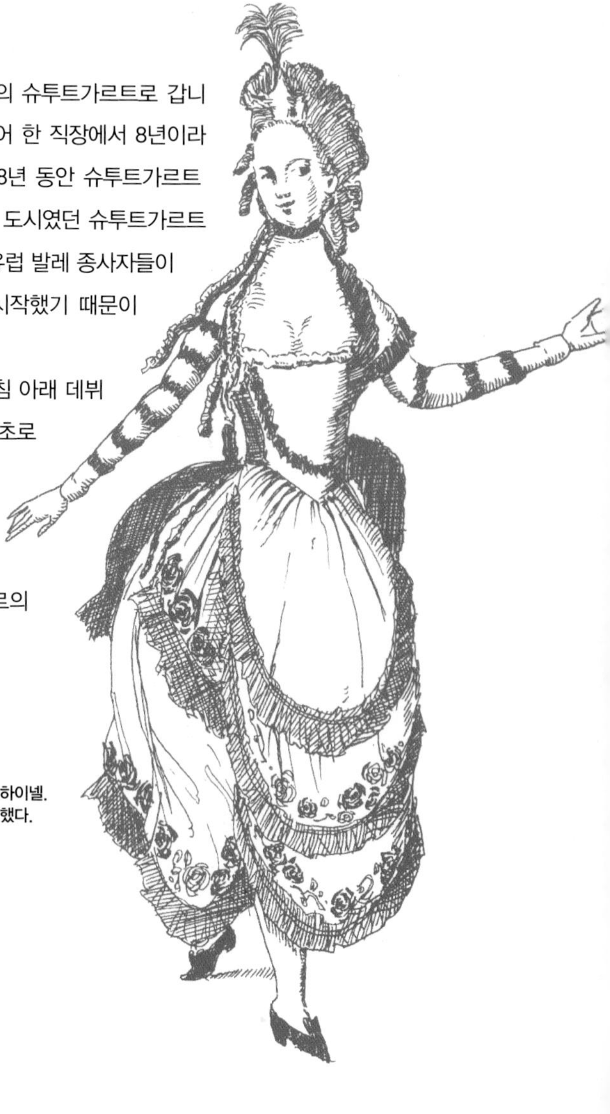

슈투트가르트에서 데뷔한 독일 무용수 안나 하이넬.
그녀는 발레 테크닉에 피루엣을 최초로 도입했다.

연이은 성공을 뒤로하고 마리 앙투아네트를 만나다

선수는 선수를 알아보는 법. 그즈음 당대 '무용의 신'으로 불리던 최고의 남성 무용수 가에탕 베스트리스가 노베르의 사상에 영감을 받습니다.

'무용의 신' 가에탕 베스트리스는 파리 오페라극장의 솔리스트였는데 발레 마스터와 연인을 두고 칼부림을 하며 싸우는 바람에 다쳐서 파면되었지요. 그러나 노베르가 슈투트가르트에 있을 무렵, 실력도 사생활도 이슈였던 스타 가에탕 베스트리스는 그런 추문들을 딛고 복귀해 화려한 활동을 이어가고 있었습니다.

가에탕 베스트리스는 노베르의 영향을 깊이 받아 노베르의 작품 〈메데이아와 이아손〉을 파리 오페라극장에 가지고 옵니다. 파리 오페라극장이 노베르를 인정하지 않았기 때문에 베스트리스는 자신이 직접 이아손 역할을 맡아 춤을 추지요. 그리고 이아손의 비극적인 표정 연기를 관객들에게 보여 주기 위해 가면을 벗습니다. 이로써 베스트리스는 혁신자 노베르에게 힘을 얻어 처음으로 가면을 벗고 춤을 춘 혁신적 실천자로 역사에 남았습니다.

베스트리스가 공연한 이아손의 효과는 굉장했지만 눈부신 성공에도 불구하고 파리 오페라극장은 여전히 노베르를 외면합니다. 파리 오페라극장의 발레 마스터를 열망하던 노베르는 다시 조국을 떠

패리스 역할을 맡은 무용수
가에탕 베스트리스, 1729~1808
파리 루브르박물관 소장

나 오스트리아 빈으로 향합니다. 그는 빈의 제국극장에
서 일하며 여왕 마리아 테레지아의 막내딸에게 발레를
가르칩니다.

역사는 참으로 흥미롭게 흘러갑니다. 빈에서 노베르
가 발레를 가르쳤던 여왕의 막내딸이 바로 그 유명한
마리 앙투아네트였습니다. 노베르는 이때 자신이 가르
치는 꼬맹이 숙녀가 훗날 프랑스의 왕비가 되어 자신
을 파리 오페라극장의 발레 마스터로 임명할 것이라고
상상이나 했을까요?

'발레의 구약성서'를 남긴
혁신가의 쓸쓸한 말로

1770년대 중반까지 밀라노, 나폴리,
토리노 등을 전전하던 노베르에게 드디
어 평생의 염원을 풀어 주는 소식이 들려
옵니다. 루이 16세의 아내가 된 마리 앙

마리 앙투아네트

투아네트가 자신의 무용 선생님이었던 노베르를 파리 오페라극장의 발레 마
스터로 강력히 추천한 것이지요. 우리가 흔히 말하는 바로 그 낙하산 인사인
셈이지만 어쨌든 그는 50살이 되어서야 드디어 꿈에 그리던 파리의 발레 마
스터가 되었습니다.

그러나 과연 이것이 해피 엔딩일까요? 노베르를 못마땅하게 여기는 이들
에게는 왕비의 입김도 통하지 않았나 봅니다. 그는 주연 무용수들의 강한 텃
새와 반발과 숱한 음모에 시달립니다. 특히 발레리나였던 마들렌 귀마르의
음해는 결정적이었습니다. 마들렌 귀마르는 눈부신 댄서로서 궁정의 사교계
인사들과 어울리며 어마어마한 부와 권력을 축적했는데, 그녀의 권력은 추
기경을 애인으로 두고 교회의 성직자 임명 리스트까지도 조정했을 정도였다

고 합니다.

노베르는 결국 두 손 두 발 다 들고 5년여 만에 강제 퇴직을 당하고 맙니다. 그 뒤로 노베르의 남은 인생은 불운의 연속이었습니다.

퇴직한 뒤 받은 연금의 액수가 대폭 삭감된 것 정도는 아무것도 아니었습니다. 1789년 세계사에서 결코 빼놓을 수 없는 사건인 프랑스 혁명이 일어났는데, 이때 그의 든든한 보호자 역할을 했던 마리 앙투아네트가 루이 16세와 함께 단두대에서 처형되고 맙니다. 그를 후원해 준 왕족과 귀족들도 대부분 단두대의 이슬로 사라져 버립니다. 마리 앙투아네트와 아주 가까운 사이였던 노베르가 얼마나 두려웠겠습니까? 실제로 그 여파는 결국 노베르에게까지 미쳐 모든 재산과 연금이 박탈됩니다.

그렇게 상처뿐인 파리를 떠나 생제르맹앙레에서 보낸 그의 말년은 매우 궁핍하고 쓸쓸했습니다. 노베르는 결국 꿈꾸었던 이상을 실현하지 못한 채 조용히 숨을 거두고 말았습니다.

노베르의 《무용과 발레에 관한 편지》는 현재까지도 가장 중요한 무용이론서 중 하나로 꼽히며 '발레의 구약성서'라고까지 불리고 있습니다. 노베르는 살아생전 인생의 실패를 맛봐야 했지만 그가 무용계에 남긴 유산은 그 무엇과도 견줄 수 없는 것이었습니다.

이쯤 되면 우리가 매년 그의 생일을 챙겨 줄 만하지 않은가요?

Jules Perrot

쥘 페로

1810~1890

아낌없이 주는 낭만 발레 선생님

옛날 프랑스 파리에 그리스 조각상처럼 아름다운 몸과 다리를 가진 남자가 있었습니다. 남자는 파리 오페라극장의 무용수였는데 그의 신체가 얼마나 완벽했는지, 춤을 추는 발놀림은 강인하면서 민첩하고 우아하기까지 했지요. 그 아름다운 몸으로 그가 무대에서 높게 솟구쳐 뛰어오르면 마치 공중에서 멈춰선 느낌이 들었고, 몸의 무게는 깃털처럼 가볍게 느껴졌다고 합니다. 어려운 동작을 편안하게 소화해내는 그의 놀라운 능력을 충분히 짐작할 수 있습니다.

하지만 안타깝게도 그토록 훌륭한 육체와 실력을 갖춘 그의 외모는 매우 볼품이 없었습니다. 그는 관객들이 자신의 외모를 보고 실망하지 않을지를 걱정했습니다. 진정한 무용수로 남고 싶었던 그는 외모가 아닌 실력으로 평가받고 싶었지요. 그래서 남들과는 차별화된 전략을 짭니다.

'관객들이 내 얼굴을 볼 겨를조차 없도록 무대 위에서 끊임없이 움직이자!' 그는 다른 무용수들과는 비교할 수 없을 정도로 매우 빠르게 회전하고 공중을 날며 쉴 새 없이 춤을 췄습니다. 어려운 기교를 편하게 해내는 능력, 무게감을 느낄 수 없는 가벼운 몸놀림, 탁월한 근육의 힘까지. 그의 무대에 넋을 잃은 관객들은 얼굴 평가, 요즘 말로 '얼평'을 감히 할 수가 없었습니다.

그의 춤은 까다롭기로 둘째가라면 서러울 파리의 평론가들과 관객들을 단번에 사로잡았죠. 관객들은 그의 엄청난 기량에 환호했고, 파리 오페라극장은 그에게 역대 최고의 월급을 지급합니다. 그는 단순한 무용가가 아니라 무용을 통해 생각을 표현하고 연기하는 사람이라는 평가를 받으며 무용수로서 최고의 영예를 얻습니다.

그의 이름은 바로 쥘 페로, 낭만 발레의 장인이라고 불리는 무용수입니다. 왜 낭만 발레냐고요? 잠깐 그의 사진을 보고 그에 대해 좀 더 알아보기로 합시다.

발레 역사 중 소위 발레리나의 시대라고 불리는 시대가 있었습니다. '낭만 발레 시대'가 바로 그때입니다. 지금 우리가 '발레' 하면 떠오르는 이미지가 이 낭만 발레 시기에 만들어졌습니다. 천상의 이미지를 가진 발레리나가 하얀색 튀튀를 입고 춤을 추는 모습이 바로 그것입니다.

1832년 〈라 실피드La sylphide〉라는 작품이 파리 오페라극장에서 처음 공연 되면서 낭만 발레가 시작되었습니다. 이때 주인공 실피드 역할을 맡은 발레 리나 마리 탈리오니가 처음으로 발목까지 길게 내려오는 로맨틱 튀튀를 입고 등장하지요. '요정'이라는 뜻을 가진 〈라 실피드〉는 스코틀랜드의 꼬마 요 정을 다룬 소설에서 영감을 받아 창작한 발레를 위한 극본입니다. 마리 탈리 오니는 요정답게 발끝으로 서서 공기처럼 가뿐하게 춤을 췄습니다. 이 작품 은 최초의 낭만주의 발레 작품으로 기록될 뿐만 아니라 푸앵트pointe라고 불 리는, 발끝으로 땅을 딛고 서는 동작을 선보인 최초의 작품으로 발레 역사에 남았습니다. 로맨틱 튀튀 같은 자유로운 의상과 발끝으로 설 수 있는 토슈즈 가 개발되었기에 가능한 일이었습니다. 무대 위를 요정처럼 날아다니는 발 레리나는 바로 이때 탄생한 것이지요.

발레리나 전성시대에 밀려난 쥘 페로

〈라 실피드〉는 절대적으로 남성 무용수 중심이었던 발레계에서 여성 무용 수인 발레리나가 찬란하게 꽃을 피우는 계기가 됩니다. 무대는 이제 더는 남 성들의 전유물이 아니었습니다. 가벼움, 우아함, 비범한 도약과 착지, 깃털 같은 섬세함까지. 이때 각인된 발레리나의 이미지는 지금까지 이어지고 있 습니다.

〈라 실피드〉를 공연하는 탈리오니

사람보다는 요정이나 여신에 가까운 아름다운 발레리나의 이미지에 사람들이 열광하면서부터 아무리 대단한 남자 무용수라 할지라도 발레리나의 인기에 밀릴 수밖에 없었습니다. 남성 중심의 발레가 여성 중심의 발레로 변화하면서 남자 무용수의 가치가 하락한 것이지요.

1830년 파리 오페라극장에 처음 오른 쥘 페로는 이 시기에 활약했던 남자 무용수입니다. 앞서 말했듯 그는 최고의 대우를 받는 무용수였지요. 낭만 발레의 시기가 오기 직전까지 아니, 더 정확히 말해 발레 여신으로 추앙받던 마리 탈리오니의 파트너로 페로가 발탁되기 전까지는 말입니다.

마리 탈리오니의 파트너가 되는 일은 모두가 원하는 명예로운 일이었습니다. 페로는 최고의 파트너로서 공기처럼 가볍고 우아한 탈리오니를 대단히 돋보이게 해 주었습니다. 하지만 탈리오니는 어느 순간부터 페로와 한 무대에 서는 것을 거부합니다. 페로의 기량이 너무 뛰어나 그의 그늘에 가려지거나 비교되고 싶지 않았기 때문이었지요. 그녀는 무대 위에서 혼자 빛나는 별이 되고 싶었나 봅니다.

파리 오페라극장은 당대 최고의 발레리나와 당대 최고의 발레리노 중 누구를 선택했을까요? 예상대로 파리 오페라극장은 마리 탈리오니를 선택했습니다. 더 좋은 조건으로 계약을 해도 부족할 판에 페로는 되려 봉급 삭감이라는 황당한 상황에 던져졌지요.

바람이 세차게 불면 그 바람을 타고 꽃가루가 날아다닌다고 하지요. 그렇게 모진 바람에 날리던 꽃가루가 어딘가에 붙어 단단하게 자리를 잡으면 언젠가는 달콤한 열매를 맺습니다. 인생도 마찬가지 아닐까요? 쥘 페로는 자존심에 상처를 입고 인생에 불어 닥친 바람을 맞게 되자 미련 없이 파리를 떠나 유럽

쥘 페로와 함께 춤추는 연인 그리시

최초로 〈지젤〉이 공연된 살 르 펠르티에(Salle Le Peletier)극장, 1864
믿을 수 없을 만큼 화려하고 높은 천장을 자랑한다.

전역을 떠돌며 순회공연을 시작합니다. 그리고 이듬해, 페로는 이탈리아 나폴리에서 카를로타 그리시라는 소녀를 만납니다. 자, 쥘 페로의 이야기를 이제부터 본격적으로 시작해 보겠습니다.

한 세기 최고의 안무가로 거듭난 페로

나폴리에서 만난 카를로타 그리시는 고작 16살의 발레리나였습니다. 아직 앳되디앳된 나이였지요. 그녀는 쥘 페로가 주역을 맡은 작품에서 아주 보잘것없는 배역을 맡았지만 뛰어난 미모와 잠재력으로 페로의 시선을 사로잡습니다.

금세 사랑에 빠지는 스타일이었는지, 페로는 곧바로 그리시와 사랑에 빠졌고 결혼까지 강행하려고 합니다. 하지만 겨우 16살이었던 그리시와 그녀의 가족들은 결혼을 서두를 이유가 없었습니다. 그래서 페로는 어쩔 수 없이 그리시와 정식으로 결혼을 하지는 못한 채 연인관계만 이어갑니다. 두 사람이 얼마나 티를 팍팍 내며 열애를 했는지 그 당시 사람들은 결혼도 하지 않은 그리시를 '마담 페로'라고 불렀을 정도였다고 합니다. 지금으로 따지면 사실혼 관계였던 것이지요.

정식이든 아니든 그리시를 자신의 여자로 만든 페로는 남자친구의 역할에만 그치지 않고 그녀의 스승을 자처합니다. 직접 춤을 추는 것뿐 아니라 가르치는 일에도 재주가 뛰어났던 그는 4년 동안 그녀를 위해 파트너가 되어 춤을 추고 직접 가르치기까지 했습니다. 페로의 특훈 덕분에 그리시의 무용 실력은 엄청나게 늘었고, 어느덧 마리 탈리오니처럼 파리 오페라극장의 주연으로도 손색이 없는 발레리나로 성장합니다.

그리시를 향한 페로의 사랑은 정말 대단했습니다. 그는 자신에게 굴욕을 줬던 파리 오페라극장에 찾아가 그리시를 무대에 세워 달라고 사정까지 할 정도였으니까요. 자기 일이었을 땐 뒤도 돌아보지 않고 떠났던 그가 그리시를 파리 오페라극장에 세우기 위해서는 자존심도 버리고 고개 숙이기도 마다하지 않았다니, 사랑의 힘이란 참 대단합니다. 어쩌면 페로는 마리 탈리오니에게 겪었던 굴욕을 그리시를 성공시키는 것으로 잊으려 했는지도 모르겠습니다. 어찌 됐든 그런 페로의 노력 덕분에 그리시는 마침내 1840년 파리 오페라극장 무대에 데뷔합니다.

그런데 한 여자를 위한 한 남자의 사랑은 거기서 그치지 않았습니다. 그리시가 〈지젤〉의 주인공으로 발탁되자 페로는 오직 그리시를 위한 무대를 만들기 위해 자신의 모든 역량을 바칩니다. 〈지젤〉은 발레 역사상 가장 유명한 작품으로 일컬어집니다. 그런 만큼 발레를 모르는 사람도 〈지젤〉이라는 작품은 한 번쯤은 어디에선가 들어봤을 것입니다.

페로는 〈지젤〉 공연 프로그램에 자신의 이름을 올리지 않는다는 조건으로 여주인공 지젤의 안무를 도맡기까지 했습니다. 사랑하는 그리시를 위해서라면 자신의 이름 따윈 지워져도 상관없었나 봅니다. 그리시의 장단점을 누구보다 잘 파악하고 있었던 페로는 그리시를 위해 맞춤형 안무를 준비했는데,

이처럼 헌신적인 페로의 외조를 받은 그리시가 날개라도 단 듯 무대 위를 날아다녔다는 것은 두말하면 잔소리지요. 그 덕분에 〈지젤〉은 그녀를 순식간에 전설적인 발레리나로 만들었습니다.

탈리오니의 〈라 실피드〉가 낭만 발레의 시작이었다면 그리시의 〈지젤〉은 낭만 발레의 대표작이라 할 수 있습니다. 시인이자 평론가였던 테오필 고티에가 극본을 쓰고 아돌프 아당이 악보를 맡은 〈지젤〉은 발레 고유의 극적이고 서정적인 주제와 그 색채를 극대화하는 음악을 통해 발레의 수준을 한 단계 끌어올렸습니다.

그러나 뭐니 뭐니 해도 발레에서 빼놓을 수 없는 요소는 안무였지요. 〈지젤〉은 1막과 2막에 걸쳐 서로 다른 성격의 두 캐릭터를 연기해야 하는 까다로운 작품이었습니다. 하지만 페로는 그리시를 위해 맞춤형 지젤의 안무를 준비했고, 그리시는 그것을 훌륭하게 소화해 냅니다. 페로는 프로그램에 이름을 올리지 않는 조건으로 맡았던 이 작품의 안무 덕분에 아이러니하게도 무용수가 아닌 한 세기 최고의 안무가로서 첫발을 내디딘 셈이지요.

'무용의 햄릿'이라고 불릴 정도로 까다로운 작품인 지젤은 그 때문에 지금까지도 발레리나라면 누구나 한 번쯤은 도전해 보고 싶은 명작이 되었습니다.

〈지젤〉 1막에서는 연인 알프레히트와 사랑에 빠진 시골 처녀 지젤이 장난처럼 꽃점을 보았는데, 불길하게도 '그는 나를 사랑하지 않는다'라는 점괘가 나

세계 최초의 지젤.
카를로타 그리시

옵니다. 병약한 그녀는 춤을 추다 쓰러지고 말지요. 그것이 비극의 시작이었습니다. 알고 보니 연인 알프레히트는 자신과는 이루어질 수 없는 귀족 신분이었고, 심지어 약혼까지 한 남자였습니다. 지젤은 충격을 받아 미쳐 버렸고, 심장이 좋지 않아서 지젤은 그 충격으로 죽음에 이릅니다.

2막에서는 천상의 요정 이미지를 가진 정령들이 등장해 판타지와 같은 군무를 펼칩니다. '윌리'라고 불리는 정령들은 숲속에 남자가 들어오면 탈진해 죽을 때까지 춤을 추게 했습니다. 지젤의 무덤을 찾아온 알프레히트도 역시 그렇게 죽을 운명이었지만 지젤의 사랑의 힘으로 목숨을 건집니다. 결국, 알프레히트의 죄를 용서한 지젤이 무덤으로 돌아가며 무대는 막을 내립니다.

그런데 〈지젤〉 2막에서 펼쳐지는 24명의 정령, 윌리의 군무는 '발레 블랑 Ballet Blanc, 하얀 발레'라는 용어까지 탄생시키며 낭만주의 발레의 법칙처럼 굳어집니다. 어떤 상황에서도 자신의 사랑에 헌신적인 여성이 펼치는 꿈결 같은 장면들은 낭만주의의 정점을 찍습니다. 이보다 더 낭만주의적인 작품은 존재하기 어려울 정도였지요.

이토록 큰 성공을 거둔 페로와 그리시의 관계는 과연 어떻게 되었을까요? 안타깝게도 그리시는 극본을 쓴 테오필 고티에와 바람이 나 버립니다. 〈지젤〉은 대대적인 성공을 거두었지만 페로는 다시 파리를 뒤로하고 쓸쓸히 런던으로 떠납니다.

발레리나 부흥기 이면에 드리운 어두운 그림자

배은망덕한 그리시를 잊기 위해 6년간이나 런던왕실극장에서 맹렬하게 일에 전념했던 페로. 그는 그녀를 다시는 보지 않았을까요? 아닙니다. 당시 영국의 여왕이었던 빅토리아 여왕은 런던 왕실 극장에서 당대 최고의 발레리나들을 모아 놓은 춤을 보고 싶어했는데 페로도 그 프로젝트에 참여합니다.

그는 당연히 그리시를 이 무대에 참여하게 합니다. 당대 최고의 발레리나 4명을 한 무대에 세운 '4인무'라는 뜻의 〈파 드 카트르 Pas de Quatre〉는 그야말

1854년 런던에서 초연된 〈파 드 카트르〉 (왼쪽이 카를로타 그리시)

로 파란을 일으킵니다. 마리 탈리오니, 카를로타 그리시, 파니 체리토, 뤼실 그란까지 프라이드가 하늘을 찌를 듯한 4명의 발레리나를 섭외하고 연습시키는 일은 절대 쉽지 않은 일이었습니다. 발레리나들은 질투와 갈등으로 서로 엄청난 신경전을 벌이지요. 하지만 그리시를 잘 아는 페로는 누구보다 그녀들을 잘 조율할 수 있었습니다.

〈파 드 카트르〉 공연으로 발레리나들이 얻은 인기를 확인할 수 있는 일화가 있습니다. 마리 탈리오니의 토슈즈가 경매에서 200루브르에 팔렸고, 발레 애호가들이 그 신발에 요리를 담아 손님에게 접대했다는 이야기가 바로 그것입니다. 심지어 탈리오니의 신발 요리를 접대받은 손님들은 그 요리를 황송해하며 먹었다고 합니다. 말도 안 되는 설화처럼 들리지만 당시에 정말 그런 일이 벌어졌다고 하니 마리 탈리오니는 그만큼 초특급 연예인이자 요정이요 우상이었나 봅니다.

발레리나의 위상이 이렇게 높아지다 보니 출신 배경이 좋지 않은 여성들이 너도나도 발레리나가 되기 위해 인생을 걸고 뛰어들기 시작했습니다. 기본적으로 남성 우월주의가 만연했던 시절, 발레리나로서 거둔 성공은 낮은 출신 배경에서 벗어날 수 있는 거의 유일한 길이었습니다. 성공한 발레리나들의 목에 걸린 다이아몬드를 비롯한 갖가지 귀한 보석 목걸이도 거부하기 힘든 유혹이었을 것입니다.

가엾은 소녀들은 오늘은 고통받아도 내일은 부자가 될 것이라는 희망을 품고 스스로 위로하며 고된 훈련을 버텼습니다. 그 과정에서 궁핍과 고통, 피로감과 좌절을 견디지 못하고 후원자의 도움을 받는 훈련생들이 많았습니다. 게다가 나중에는 국가가 대놓고 '필요하거나 자기 의견에 따라 한 명 또는 여러 명의 애인을 두는 것을 허락한다'라며 방종을 허가하기까지 했습니다.

발레리나들이 후원자와 부정한 관계를 맺는 일이 점점 더 빈번해지면서 그녀들은 '오페라의 매춘부'로 불리기도 했습니다. 가난과 가족의 속박에서 벗어나기 위한 여인들의 몸부림은 낭만 발레 시대의 화려한 발레리나 부흥기를 이끄는 동력이었지만, 그 이면에는 이처럼 어두운 그림자가 드리워 있기도 했습니다.

페로는 안무가로서 계속해서 성공 이력을 쌓아 갔지만 이런 발레리나 부흥기에 오히려 설 자리를 잃어 갔

〈지젤〉 중 포도 수확 부분의 공연 장면

습니다. 발레리나를 들어 올리는 역할을 했던 발레리노들이 발레리나의 몸을 잡고 들어 올린다는 이유만으로 '음탕한 운반자'라는 야유를 들어야만 하는 시절이었으니까요.

하지만 여기서 주목해야 할 부분은, 화려한 발레리나의 시대였지만 그 발레리나들을 발굴해서 교육하고 그녀들을 위해 안무를 준비한 사람들이 모두 남자들이었다는 사실입니다.

페로는 결국 자신의 무대를 다시 러시아로 옮깁니다. 당시 러시아는 지금처럼 발레 강국이 아니었기 때문에 남성 무용가들의 가치를 소홀히 여기지 않았습니다. 러시아는 페로처럼 능력 있는 남성 무용가들을 발 빠르게 불러들입니다. 이후 발레 중심지였던 파리 오페라극장은 페로 같은 남성 무용가들을 홀대하면서 쇠퇴기를 맞이합니다. 프랑스는 발레의 본고장답지 않게 발레 강국의 면모를 잃어버리고 말았지요.

파란만장한 발레 인생, 파란만장한 사랑

한편, 홀대받던 남성 무용가들에게 새로운 기회를 주었던 러시아는 19세기 후반부터 새로운 발레 강국으로 급부상했고, 지금까지 명실공히 최고의 발레 강국으로서 위엄을 과시하고 있습니다.

자신의 가치를 인정해 주는 러시아에서 새로 발레 인생을 시작한 페로는 마리우스 프티파라는 젊은 남자 무용수를 만나 함께 여러 작품을 만들며 러시아 발레의 초석을 다집니다. 게다가 그곳에서도 그리시를 잊지 않고 그녀를 주인공으로 하는 많은 명작을 만들어 냅니다. 페로의 춤 인생에서 그리시는 떼려야 뗄 수 없는 운명이었나 봅니다.

그 뒤 페로는 러시아 정세와 건강상의 문제로 11년 만에 다시 파리로 돌아오지만 여전히 파리 오페라극장에서 제대로 된 대접을 받지 못했습니다. 다 늙어 지팡이를 짚는 나이가 되어서야 겨우 어린 학생들을 가르치는 일을 맡을 수 있었으니까요.

발레리나를 그렸던 유명한 화가 드가의 작품 〈발레수업〉에 등장하는 지팡이 짚은 백발의 노인이 바로 말년의 쥘 페로였습니다. 드가의 그림 속에서 쥘 페로는 여전히 열정을 잃지 않은 발레 교사로 등장합니다. 늙은 페로 곁엔 그리시가 아닌 러시아에서부터 함께했던 아내가 있었지만 그의 말년은 몹시 궁핍했고 병으로 고통받았습니다.

그렇다면 빈곤했던 말년의 페로가 젊은 시절 그토록 사랑했던 카를로타 그리시의 마지막은 어땠을까요? 한때 마담 페로라고까지 불렸던 페로의 연인 그리시는 1854년 왕족 라드지웰 왕자의 아이를 갖게 되어 가장 빛나던 시절 은퇴를 선언했고, 스위스 제네바에서 45년 동안 부유하고 평화로운 여생을 보냈다고 합니다. 페로의 처지에서 보면 몹시 씁쓸한 뒷맛을 남기는 결말이 아닐 수 없습니다.

쥘 페로의 무용 인생은 파란만장했던 그의 업적이나 사랑 이야기 말고도 눈여겨봐야 할 부분이 더 있습니다. 그것은 바로 그의 인생과 19세기 중반 발레사의 흐름이 일맥상통한다는 점입니다. 프랑스를 떠나 영국, 러시아를 거친 페로의 인생은 발레 강국의 흥망성쇠와 너무도 닮았습니다. 발레를 향해 아낌없이 쏟은 페로의 열정 덕분에 발레도 그의 걸음을 따라 마법 같은 진일보를 했기 때문이지요.

위대한 안무가인 조지 발란신은 "발레, 그것이 여성이다."라는 말을 했습니다. 그러나 또 다른 안무가인 모리스 베자르는 "무용, 그것은 남성이다."라고 말했지요. 미하일 포킨은 이렇게 엇갈린 의견에 현명한 답을 내놓았습니다. "발레는 남성이나 여성을 보여 주는 것이 아니라 인간을 보여 주는 것"이라고 말이지요.

낭만 발레 전성시대에 발레리나들을 빛나게 해 준 일등공신이었지만 정작 자신은 홀대받았던 페로에 대해 알고 나니 발레는 여성도 남성도 인간도 아닌, 인간의 삶 그 자체를 보여 주는 예술이 아닌가 싶습니다.

에드가 드가의 그림 〈발레수업〉 (오르세미술관 소장)

Auguste Bournonville

오귀스트 부르농빌

1805~1879

무지개처럼 가슴 설레는 휴머니즘 발레

예상치 못한 사람이 갑자기 나타나 재능으로 놀라움을 줬을 때 우리는 '혜성처럼 등장했다'라고 말합니다. 이 표현은 누군가의 능력이나 업적을 강조하며 극찬할 때 자주 사용하는데, 1950년 세계 무용계에 이제껏 없던 경이로운 발레가 말 그대로 '혜성같이' 등장하는 일이 벌어집니다.

혜성같이 등장한 존재는 바로 덴마크 왕립발레단인 '로열 데니시 발레'였습니다. 1950년 코펜하겐에서 로열 데니시 발레 페스티벌이 개최되기 전까지는 기이하게도 세계 무용계는 로열 데니시 발레의 존재를 알지 못했습니다. 그러니까 로열 데니시 발레는 마치 보물이 숨겨진 미지의 섬처럼 외부에 알려지지 않은 비밀스러운 존재였지요.

로열 데니시 발레는 독특한 스타일과 빼어난 테크닉을 구사했는데 어떻게 무용계에서 이런 전례 없는 사건이 일어날 수 있었을까요?

그 열쇠는 바로 '부르농빌'이라는 이름에 있습니다. 로열 데니시 발레를 조금만 따라가면 우리는 아주 쉽게 부르농빌이라는 이름을 만나게 됩니다. 로열 데니시 발레의 독특한 발레 스타일을 바로 '부르농빌 스타일'이라고 부르기 때문이지요. 덴마크 발레＝부르농빌이라고 말할 수 있을 만큼 그가 미친 영향력은 절대적이었습니다.

덴마크는 불과 인구 5백만 명의 작은 국가입니다. 우리나라 인구가 5천 2백만 명쯤 되니 국가의 크기를 짐작할 수 있겠지요? 그런데 이 작은 나라에서 배출한 국제 수준의 남자 무용수의 수가 러시아가 배출해 낸 수와 맞먹는다고 합니다. 2차 세계대전이 벌어졌을 당시 소련 인구가 2억 4천만 명이었으니 정말 놀랍습니다.

그런데 한 국가가 이룬 발레의 산물들이 모두 부르농빌이라는 한 사람에서 비롯된 결과라니요. 대체 어떻게 이런 일이 가능했을까요?

그 시작은 한 나라의 왕이 암살된 사건으로 거슬러 올라갑니다. 바로 주세페 베르디의 오페라 걸작 〈가면무도회〉의 소재가 된 스웨덴 국왕 구스타브 3세의 이야기입니다.

발레 금수저 집안의 부르농빌

스웨덴 국왕 구스타브 3세는 의회의 권한을 박탈하고 왕권을 복원할 만큼 강력한 권력을 가진 군주였습니다. 구스타브 3세는 남다른 열정으로 예술을 장려하고 지원했던 국왕이기도 합니다. 그는 예술가들을 무척 소중하게 여겼는데 그런 국왕의 눈에 프랑스 무용수인 앙투안 부르농빌이 들어옵니다.

구스타브 3세는 잘생긴 용모와 빼어난 기량을 갖춘 청년 앙투안 부르농빌에게 귀족의 작위를 주며 스톡홀름의 오페라 하우스에 기용했고, 왕의 총애를 받은 앙투안은 왕의 극진한 후원을 뿌리치지

오귀스트 부르농빌의 아버지,
앙투안 부르농빌(Antoine Bournonville)

못한 채 스웨덴에 자리를 잡습니다. 구스타브 3세는 앙투안의 춤을 무척이나 좋아했고 앙투안 역시 국왕의 기대에 충성스럽게 부응하며 스웨덴에서 가장 인기 있는 무용수가 됩니다.

스페인에서 누렸던 행복하고 평온했던 생활이 영원히 이어졌을 것 같지만 그렇지는 않습니다. 스톡홀름의 오페라 하우스에서 열린 가면무도회장에 참석했던 국왕이 암살을 당하는 사건이 벌어졌기 때문입니다. 이 사건으로 오페라 하우스는 폐쇄되었고 나라 전체가 충격에 휩싸입니다. 스웨덴 국민이 아니라 프랑스인이었던 앙투안 부르농빌은 스웨덴에 머무는 것이 더는 의미 없다고 생각해서 다시 파리로 돌아가기로 마음먹습니다.

그런데 운명은 참 재미있습니다. 귀국길에 그냥 파리로 직진했으면 되었을 텐데, 앙투안은 잠시 덴마크 코펜하겐에 들릅니다. 그리고 잠시 들른 코펜하겐에서 덴마크 왕립발레단인 로열데니시발레의 특별 출연자로 무대에 오릅니다.

그 공연에서 앙투안은 '아폴로의 현신'이라는 극찬을 받으며 대성공을 거둡니다. 공연이 끝났을 때 감격한 감독과 무용수들은 모두 앙투안의 방으로 몰려와 그에게 키스를 퍼부었을 정도입니다.

그때 앙투안은 마리안느 옌센이라는 발레리나의 키스에 순정을 빼앗깁니다. 그녀의 키스에 떨리는 가슴을 주체하지 못한 앙투안은 결국 마리안느 옌센을 깊이 사랑하게 되었고 파리로 돌아가려던 계획을 없던 일로 해 버립니다. 마리안느 역시 잘생기고 능력 있는 프랑스 청년 앙투안이 마음에 들었고, 곧바로 두 사람은 약혼하지요.

그렇게 파리 생활을 모두 정리해 버린 앙투안은 로열 데니시 발레단과 계약하고 덴마크의 무용수가 됩니다. 덴마크인과 결혼했으니 저절로 덴마크 국민이 되었습니다.

그런데 안타깝게도 결혼한 지 4년 만에 마리안느가 세상을 뜹니다. 하지만 앙투안은 마리안느와 사별한 뒤에도 자신의 집에서 가정부로 일하던 루이사와 재혼해서 덴마크에 남습니다. 그리고 루이사와의 사이에서 첫아들이 태어났는데 그가 바로 오귀스트 부르농빌입니다.

만약 가면무도회장에서 스웨덴 국왕 암살사건이 일어나지 않았다면 앙투안은 덴마크에 가지 않았을 테고, 덴마크에서 데뷔 공연을 마치고 사랑에 빠지지 않았더라면 덴마크 국민이 될 리도 없었을 테지요. 그러니 오귀스트 부르농빌이 덴마크에서 태어난 것은 정말 스웨덴 국왕 암살의 '나비효과'가 아닐 수 없습니다.

'돌아온 탕아' 부르농빌의 새 출발

그렇게 덴마크 최고 무용수의 아들로 태어난 오귀스트 부르농빌은 아버지의 뒤를 이어 발레를 시작했고 뛰어난 재능을 보였습니다. 앙투안은 아들 오귀스트를 작은 도시였던 코펜하겐이 아니라 대도시 파리에서 교육하고 싶었습니다. 그 자신이 프랑스인이었기 때문에 파리 유학의 중요성을 누구보다 잘 알고 있었던 앙투안은 고집스럽게 덴마크 왕에게 아들의 파리 유학을 간청합니다.

결국 1년 3개월 동안 파리에 머물 수 있도록 왕의 허락을 받아낸 오귀스트는 아버지의 적극적인 지지를 받으며 파리로 떠납니다. 그리고 그곳에서 발레 역사에서 빼놓을 수 없는 남성 무용수 중 한 명인 베스

당대 춤의 신이라 불렸던 오귀스트 베스트리스. 부르농빌은 그에게 영향을 받았다.

트리스를 스승으로 만납니다.

부르농빌은 파리 유학 생활 내내 너나없이 많은 사람에게 환대받으며 발레계의 초일류 인사들과 교류합니다. 그러다가 자신보다 1살 위인 전설적인 발레리나 마리 탈리오니도 만납니다.

어느새 그는 자신도 모르게 발레계의 유산이 축적된 과거와 새로운 황금시대를 모두 경험하는 행운의 사나이가 됩니다. 서유럽 최고의 예술가들에게 둘러싸여 온갖 지도와 가르침을 받으며 성장한 부르농빌은 국왕이 허락한 1년 3개월의 기간을 훌쩍 넘기고도 덴마크로 돌아가지 않았습니다. 덴마크를 떠난 지 2년쯤 지나 파리 오페라극장에서 성공적으로 데뷔한 부르농빌이 고국이 아닌 파리를 선택한 것은 어쩌면 예정된 일이었을지도 모릅니다. 부르농빌은 가족들이 그리웠고 자신이 덴마크인이라는 것도 분명히 알았지만, 그렇다고 해서 코펜하겐으로 돌아갈 생각은 전혀 없었습니다.

하지만 그 시절 덴마크 발레계에는 세계 최고의 파리 오페라단에서 실력을 쌓아 성공을 거둔 청년 부르농빌의 재능이 필요했습니다. 어느새 부르농빌의 덴마크 귀환은 덴마크 발레의 존폐를 결정짓는 중요한 일이 된 것이지요. 덴마크 왕립발레단은 국비로 발레 교육을 받은 부르농빌이 조국을 위해 일할 때가 되었다면서 그에게 귀국을 명령합니다. 오귀스트 부르농빌은 훗날 이때가 자기 인생에서 가장 심각한 위기였다고 회고했습니다.

그는 끝내 돌아가지 않고 파리에 남습니다. 그리고 젊고 열망에 가득 찬 남자들이 그렇듯 부르농빌 역시 사랑에 빠집니다. 영국에서 온 17살의 발레리나 루이즈에게 완전히 반해 버린 부르농빌은 그녀를 따라 런던까지 순회공연을 나섭니다. 그러고 보면 부르농빌 부자는 무용에 대한 재능뿐 아니라 사랑에 빠지는 모습까지 참 닮았습니다. 아버지와 아들 모두 금방 사랑에 빠지는 스타일인 것은 분명해 보입니다.

그러나 루이즈는 런던까지 따라와 구애하는 부르농빌에게 큰 관심이 없었고 그의 청혼을 거절합니다. 부르농빌은 참담한 마음으로 파리로 돌아옵

폴 구스타브 피셔가 그린 덴마크 코펜하겐 왕립극장 발레학교, 1889

니다. 그 무렵 덴마크는 또다시 부르농빌에게 조국으로 돌아오라고 제안합니다.

그러나 덴마크를 떠나기 전 애송이였던 부르농빌과 발레계의 유명 인사가 된 부르농빌의 몸값은 달라도 한참 달랐습니다. 부르농빌은 쇠퇴의 길을 걷고 있던 덴마크 왕립발레단이 받아들이기에 어려운 수준의 몸값과 조건들을 요구했고, 덴마크 왕립발레단은 부르농빌의 존재가 꼭 필요했지만 그의 요구를 들어줄 수 없는 형편이었습니다.

도무지 그 거리가 좁혀지지 않는 상태에서 부르농빌은 고민에 빠집니다. 그 당시는 지금처럼 개인의 자유가 보장되는 시대가 아니라 왕권이 절대적이던 시대였습니다. 그런데도 부르농빌은 군주에게 복종하지 않았고, 왕이 허락한 기간이 훨씬 지나도록 귀국하지 않았을뿐더러 왕립발레단의 제안까지도 거절하는 불경을 저질렀습니다. 부르농빌이 오랜만에 가족을 만나기 위해 코펜하겐으로 돌아갔다가 왕을 알현하러 갔을 때 왕이 노여움을 감추지 못하고 등을 돌린 채 서 있었다고 하니 부르농빌이 얼마나 난처한 상황이었을지 짐작하고도 남습니다.

부르농빌은 갈등으로 마음이 무거웠습니다. 그의 조국은 파리나 런던, 빈, 베를린 같은 대도시들에서 제안하는 급료에 비해 형편없는 액수를 제안했지만, 신하의 도리로서 조국을 쉽게 외면할 수도 없는 노릇이었으니까요.

그는 고민 끝에 아무리 돈을 많이 준다고 해도 예술가로서 미래가 보장되지 않으면 아무 소용이 없다는 결론을 내립니다. 돈보다 발레 자체를 사랑했던 부르농빌의 이 결정은 정말 현명했습니다. 그는 모든 것을 정리하고 덴마크 코펜하겐으로 돌아갑니다. 덴마크는 '돌아온 탕아' 부르농빌에게 솔로 댄서, 안무가, 그리고 발레 마스터라는 3종 콤보의 파격적인 자격을 흔쾌히 내줍니다. 그는 그렇게 국왕의 발레 마스터로 새로운 출발을 합니다.

원작을 잊게 만든 덴마크 버전의 〈라 실피드〉

부르농빌이 코펜하겐으로 돌아온 시기, 그에 관한 기록에는 유난히 '구했다'라는 단어가 자주 등장합니다. 부르농빌이 돌아오지 않았더라면 지금의 덴마크 발레의 명성은 없었을 것이고 해체되거나 추락했을 것이기 때문입니다. 말 그대로 부르농빌은 덴마크 발레를 구했습니다.

그의 귀국 무대에 대해 덴마크의 유명한 배우이자 무용수였던 요안느 루이제 헤이베르그는 이렇게 말했습니다.

부르농빌은 완벽한 춤과 기발하고 감동적인 무언극으로 나를 사로잡았다. 〈몽유병 환자〉에서 그가 울부짖는 장면은 내가 지금까지 보았던 장면 중 단연 으뜸이었다. 그의 발레를 보면서 내 가슴은 두근거렸고, 이제 더는 그런 발레를 할 수 없는 내가 한탄스러웠다. 발레 공연이 있는 날 밤이면 도저히 집에 있을 수가 없었다.

부르농빌의 귀국 공연은 그만큼 덴마크 국민에게 감동을 주었고, 이후 덴마크 문화 예술계에서 그의 입지는 시간이 지날수록 커집니다. 그 때문에 연습을 거부하거나 공연에 불참하는 등 말썽을 일으킨 무용수가 징역형을 받고 2개월 동안 감옥에 갇히는 일이 벌어지기도 했습니다.

그렇게 덴마크 발레계의 절대적 존재가 된 부르농빌도 시대의 흐름을 피할 수는 없었습니다. 그 역시 낭만주의 발레 시대를 맞이하게 되지요. 낭만주의 발레 하면 하얀색 튀튀 복장과 토슈즈를 신고 가볍게 날아오르는 발레리나가 떠오른다는 것과 그 신호탄이 된 작품이 마리 탈리오니의 〈라 실피드〉라는 것쯤은 이제 여러분도 잘 아실 것입니다.

부르농빌은 한때 파리에서 만난 적이 있었던 마리 탈리오니의 〈라 실피드〉를 덴마크식으로 각색합니다. 이 작업에서 부르농빌은 비용을 고려해 덴마크의 무대장치나 기술 등을 기존 색채에서 벗어난 덴마크 방식으로 탈바꿈시켰습니다. 그 과정에서 음악도 비싼 기존 무대 음악이 아닌, 전혀 다른 새로운 음악을 사용합니다. 부르농빌 버전의 〈라 실피드〉는 원곡과 전혀 달라진 음악 때문에 연기와 무용도 새롭게 재구성할 수밖에 없었습니다. 가성비 하나만큼은 끝내주는 작품이 탄생한 것이지요.

부르농빌의 〈라 실피드〉를 문익점의 목화씨에 비유하는 사람이 있습니다. 문익점이 붓두껍에 목화씨를 숨겨 들어왔던 것처럼 원작자와 상의도 없이

덴마크 최초로 세계적 명성을 떨친 발레리나 뤼실 그란

〈라 실피드〉를 덴마크로 들여와 자기 마음대로 각색했다는 점에서 그렇게 볼 수도 있겠습니다. 그 결과 문익점이 우리에게 위인으로 남았듯 부르농빌도 덴마크 무용계의 영웅으로 남았지요. 그것은 단순한 모방에 그치지 않고 새로운 예술을 창조하려는 열정이 있었기에 가능한 일이었습니다.

부르농빌은 덴마크 버전의 〈라 실피드〉 무대에 자신이 가장 총애하는 제자 뤼실 그란을 세웁니다. 최고의 여성 무용수가 갖추어야 할 장점을 모두 갖추었다고 평가받는 뤼실 그란의 〈라 실피드〉를 보기까지는 덴마크 관객들은 낭만주의 발레를 접하지 못했었다고 하니, 그들이 얼마나 열광했을지 상상이 됩니다.

뤼실 그란의 〈라 실피드〉는 비록 마리 탈리오니의 리메이크 버전이었지만 낭만주의 발레에서 불멸의 고전으로 자리매김해 오늘날까지 이어졌지요. 그런데 아이러니하게도 이 〈라 실피드〉는 원작이 아닌 부르농빌과 뤼실 그란의 덴마크 버전만 있을 뿐입니다. 원작은 온데간데없이 사라졌고, 우리가 알고 있는 〈라 실피드〉는 덴마크식 각색 버전이었다니 참 놀랍습니다. 부르농빌은 훗날 자신의 작품에 대해 이렇게 말했습니다.

나는 파리의 〈라 실피드〉를 딱 한 번 봤다. 이 발레가 마음에 들었지만
내 버전을 만든다면 더 나을 것이라고 느꼈다. 게다가 음악도 코펜하겐으로
가져오기엔 너무 비쌌고 프랑스 버전의 남자 주인공 제임스는
단지 프리마돈나를 위한 보조 역할에 불과했다. 아름답고도 시적인 이 작품은
허상뿐인 행복을 추구하다가 진짜 행복을 잃는다는 이야기이다.
이 절대적으로 뛰어나고 시적인 주제를 프랑스 버전에선 찾아볼 수 없다.
왜냐면 여성 무용수의 기량을 감상하느라 바쁘니까 말이다.

부르농빌은 발레리나들의 눈부신 묘기에 가려 빛을 잃었던 작품의 메시지를 자신만의 방법으로 되살려 놓습니다. 상상 속의 행복을 추구하다 참다운

행복을 잃어버린다는 〈라 실피드〉의 주제를 성공적으로 되살렸다는 것만으로도 그의 이름은 발레사에 영원히 남을 가치가 있지요.

발레는 회화적이며 극적인 경향과 더불어 서정시 느낌의 예술을 중요한 본질로한다. 내가 안무에서 지향해 온 것이 바로 이 세 가지 목표를 따르는 것이다.

부르농빌의 발레를 '발레의 시ballet poem'라고 말하는 것은 작품의 시적 본질을 중요시했던 부르농빌 스타일을 대변하는 말입니다. 그야말로 예술의 본질과 직결되는 중요한 정신이라는 말이지요. 이렇게 부르농빌 스타일은 인간의 감정과 연결되는 것이어서 안무가 조금이라도 바뀌어서는 안 되었습니다. 그의 발레가 거의 훼손되지 않은 상태로 오늘날까지 이어져 내려오는 것도 그 때문입니다.

애제자 뤼실 그란과의 갈등

그러나 부르농빌과 함께 성공 가도를 달리던 뤼실 그란은 영광을 제대로 누려 보지 못한 채 덴마크를 떠나고 맙니다. 부르농빌과의 심각한 불화가 그 이유였지요. 얼마나 사이가 안 좋았는지 두 사람은 만나기만 하면 노상 다투었다고 합니다. 그래서 덴마크 발레계는 부르농빌과 뤼실 그란으로 나뉘어 편이 갈렸고, 뤼실 그란의 지지자들은 부르농빌이 무대에 입장할 때마다 야유를 퍼붓는 행동까지 서슴지 않았습니다.

그 때문에 머리끝까지 화가 난 부르농빌이 귀빈석에서 버젓이 왕이 관람하고 있었는데도 공연을 멈추고 거만하게 모자를 벗어 던지며 왕에게 항의하는 일이 벌어집니다. 이 사건으로 부르농빌은 불경죄에 걸려 체포되었고 가택연금을 당합니다. 부르농빌은 징계를 받는 기간에도 덴마크에 머물지 않고 이탈리아 나폴리로 훌쩍 떠나 버립니다. 그런데 뜻밖에도 나폴리는 수

모를 당한 그에게 전화위복의 기회를 줍니다. 나폴리가 무척이나 마음에 들었던 부르농빌은 그곳에서 인생 걸작인 〈나폴리〉를 탄생시켰고, 이는 훗날 덴마크 국민이 가장 사랑하는 작품이 되었습니다.

하지만 부르농빌과 그란은 끝내 관계를 회복하지 못했습니다. 뤼실 그란은 코펜하겐을 떠나 세계 무대에서 활동할 때도, 심지어 무용계를 떠나 은퇴한 뒤에도 부르농빌의 이름만 나와도 치를 떨었습니다. 30년이나 지나서 부르농빌이 이제 다시 친구가 될 수도 있지 않겠냐는 편지를 보냈을 때 그란은 "지옥 불에나 떨어져라!" 하며 저주했다고 하니 말 다 했지요.

나중에 그란은 자신의 인생을 회고하며 자신이 덴마크를 떠날 수밖에 없었던 것은 부르농빌의 추파 때문이었다고 폭로했습니다. 그녀는 원하지도 않는데 자꾸 관심을 보이면서 구애하는 부르농빌이 몹시 불쾌했었나 봅

부르농빌의 〈나폴리〉 공연 장면

니다. 애제자 그란을 향한 부르농빌의 일방적인 사랑이 증오와 비방을 낳았고 결국 한 여자를 영원히 조국에서 떠나게 한 것입니다. 부르농빌은 자신의 작품에서 추구했던 진실한 아름다움을 그의 인생에서는 실현하지 못했던 것 같습니다.

덴마크의 자랑, 전 세계 무용계의 전설이 되다

뤼실 그란과의 사이에서 있었던 추문과는 달리 부르농빌의 작품은 하나같이 휴머니즘 일색입니다. 부르농빌 발레에서 우리가 주목할 만한 특징은 주인공 대부분이 우리 곁에 있는 보통 사람들이라는 것입니다. 이를테면 〈나폴리〉의 주인공은 가난한 어부이고, 〈부르게스의 케르메스〉의 주인공은 광부이며, 다른 작품들에서도 농부와 행상인, 선원, 빵집 소년, 방앗간 주인이었습니다. 이렇듯 그는 평범한 시민들에게 초점을 맞추었습니다. 숱한 약점을 가진 평범한 주인공들은 어리석고 탐욕스럽고 사악했지만 그런 인간적 속성 안에 가장 단순하면서도 진솔한 인간미가 있었지요. 그만큼 그의 발레는 참으로 도덕적이고 선량했습니다.

주로 요정이나 정령 같은 초자연계의 존재나 왕자와 공주 같은 동화 속 인물들이 등장하는 낭만 발레 시절, 부르농빌의 이런 발상은 굉장히 이색적이고 혁신적이었습니다. 이런 점이야말로 그의 발레가 남긴 유산, 즉 휴머니즘이 아닐까요?

한때 사람들은 발레 강국들 사이에서 덴마크의 부르농빌 발레가 얼마나 오래 살아남을 수 있을지 의문을 표하기도 했습니다. 하지만 부르농빌은 전설이 되었고 덴마크의 자랑으로 남았습니다.

덴마크 최고의 명품 도자기 제조사인 로열 코펜하겐에서 부르농빌의 초상으로 도자기를 제작해 판매하기도 했는데 그가 얼마나 덴마크의 자부심인지가 느껴집니다.

단순히 출중하다는 이유만으로 전설이 될 수는 없었겠지요. 무엇보다 분명한 사실은 그가 우리의 기억 속에 살아남았고 세상을 떠난 지 150년 가까이 된 지금까지도 추앙받고 있다는 것입니다. 그것이 가능했던 것은, 그가 경이로운 춤과 유쾌한 극적 상황의 구성뿐만 아니라 무용수들이 도약하고 나갈 수 있도록 발레에 생명을 불어넣었기 때문입니다.

부르농빌은 무용수들에게 '사랑하는 것'은 '살아가는 것'과 분리할 수 없다는 사실을 받아들이도록 했습니다. 덕분에 그의 발레에는 그런 그의 긍정적인 인간성이 녹아들어 있습니다.

부르농빌은 죽은 뒤 자신이 사상을 형성하고 예술적으로 성장하는 데 결정적인 역할을 해 준 아버지의 묘소 근처에 묻혔습니다.

부르농빌이 덴마크만이 아니라 전 세계 무용계에서 소중한 존재이며, 그의 안무는 19세기 말의 발자취가 아니라 모든 시대의 보배라는 사실을 부정하는 사람은 없을 것입니다.

《국왕의 발레 마스터 부르농빌》의 저자 월터 테리는 시인 워즈워스가 무지개를 보고 묘사한 〈내 가슴은 뛰노니〉라는 시를 소개하며 이렇게 말했습니다.

부르농빌 발레를 아는 사람에게는 무지개가 필요하지 않다.

Marius Petipa

마리우스 프티파

1818~1910

러시아의 추위만큼이나 혹독한 안무를 탄생시킨 남자

'발레'라는 단어를 들으면 어떤 작품이 제일 먼저 떠오르시나요? 〈백조의 호수〉, 〈잠자는 숲속의 미녀〉, 〈호두까기 인형〉. 발레라곤 전혀 모르는 사람들도 이런 작품들에 대해서는 한 번쯤 들어본 적이 있을 것입니다. 특히 어린 시절 아무것도 모른 채 부모님 손에 이끌려 간 공연장에서 관람한 〈호두까기 인형〉이 생애 처음 본 발레 공연인 분들이 많을 텐데 매년 겨울이 되면 전 세계에서 마치 크리스마스의 전령사처럼 이 작품이 공연되기 때문이지요. 그리고 우리는 어렴풋이 이런 작품이 러시아 발레의 산물이라고 알고 있습니다.

그런데 놀랍게도 위에 언급한 작품들은 모두 한 사람이 만들었습니다. 발레사에 남는 작품을 하나만 만들어도 대단한데 위에서 언급한 발레 걸작이 모조리 한 사람 손에서 탄생했다니, 대체 얼마나 대단한 천재인지 궁금해질 수밖에 없는데요. 그가 바로 '마리우스 프티파'입니다.

한 사람의 천재가 탄생할 수 있는 배경은 시대 흐름과도 무관하지 않습니다. 프티파가 활동했을 때도 마찬가지였습니다. 아무리 대단해도 영원한 것은 없다는 불변의 진리처럼 19세기 후반 무렵, 찬란했던 낭만 발레가 쇠퇴하기 시작합니다. 그리고 낭만 발레의 후퇴와 함께 오랜 침체기를 맞은 유럽 발레계와는 대조적으로 러시아는 고전 발레가 본격적으로 꽃을 피우기 시작합니다.

러시아가 맞이한 고전 발레의 황금기가 바로 마리우스 프티파가 활동했던 시기입니다. 많은 발레인이 '프티파 시대'라고 부르는 19세기 후반 러시아 발레는 마리우스 프티파라는 이름을 빼 놓고는 설명할 수 없습니다. 그만큼 프티파는 당시 러시아 발레의 상징적인 존재였습니다. 프티파 한 사람이 러시아 발레에 미친 영향이 얼마나 컸는지 조금은 짐작이 갑니다.

그런데 '러시아 발레의 아버지'라고 불리는 마리우스 프티파가 러시아 사람이 아닌 프랑스 사람이라는 걸 혹시 알고 계셨나요? 러시아 발레 문화의 부흥기를 이끌었던 대표적 인물이 러시아 사람이 아니라 프랑스 사람이었다니, 이런 반전이 따로 없습니다. 심지어 프티파는 끝끝내 러시아어를 유창하게 습득하지도 못했다고 하네요.

되짚어 보니 앞에서 소개한 프랑스 출신 쥘 페로도 러시아에서 맹활

젊은 시절 마리우스 프티파를 그린 초상화

약했지요. 그러고 보면 그 당시 러시아는 국적에 대한 편견 없이 발레 문화를 폭넓게 흡수했던 것 같습니다. 이것은 사실 러시아 황실이 정치적 뒷배가 되어 준 것은 물론이고 금전적 후원도 아끼지 않았기에 가능한 일이었습니다.

당시 러시아의 차르(황제)였던 표트르 대제는 러시아 발전을 위해 서구화를 추진하면서 타국 문화를 적극적으로 수용하는 정책을 펼쳤는데, 그 정책에 프랑스의 발레 문화가 포함되어 있었지요. 프랑스의 태양왕 루이 14세가 발레를 통치 수단으로 사용했던 것에서 아이디어를 얻은 표트르 대제가 발레를 후원하고 장려

표트르 1세

한 것이었습니다. 그때 등장한 인물이 바로 마리우스 프티파니, 천재의 탄생은 우연이 아니라 시대의 요구에 따른 필연적 결과인 것 같습니다.

우리가 기왕이면 연봉이 높은 직장으로 이직하듯, 무용수들도 마찬가지였습니다. 돈 앞에 장사 없다는 말처럼 쇠퇴하는 유럽 발레계에서 고전하던 일류 안무가와 무용수들은 자신의 가치를 인정해 주고 후한 연봉까지 제시하는 러시아로 눈길을 돌릴 수밖에 없었습니다. 그렇게 해외에서 몰려온 인재들 덕분에 러시아는 새로운 발레 중심지로 도약하기 시작합니다.

'러시아 발레의 아버지'가 된 프랑스인 프티파

마리우스 프티파도 그중 한 명이었습니다. 그의 아버지는 프랑스 마르세유의 무용수였고, 프티파의 형도 무용수였습니다. 게다가 프티파의 첫 번째 아내와 두 번째 아내 모두 발레리나였으며 그의 딸까지 발레리나가 되었으니, 그는 무용 안에서 태어나 무용에 둘러싸인 인생을 보냈다고 해도 과언이 아닙니다.

러시아 황실학교에서 무용을 가르친 경험이 있는 프티파의 아버지는 프티파에게 9살 무렵부터 무용을 가르쳤습니다. 프티파는 아버지에게 상당히 엄

마린스키극장의 호사스러운 무대그림, 1914년 이전

격한 교육을 받았다고 알려져 있는데, 회초리가 부러질 때까지 손바닥을 맞아 가며 춤을 배웠다고 합니다. 그런 아버지의 교육이 결국 아들을 훌륭한 무용수로 키워 내는 데 성공합니다.

젊은 시절 프티파는 브뤼셀에서 데뷔한 뒤 프랑스 낭트와 보르도, 스페인 마드리드, 심지어 미국까지 가서 무용수 생활을 이어갑니다. 1818년에 태어난 그가 예술가로서 제대로 활약하기 시작한 것은 1847년부터였는데, 이 무렵 그는 러시아 페테르부르크에 있는 황실극장에서 1만 프랑의 연봉과 수석 무용수 자리를 제안하는 편지를 받습니다. 당시 29살이었던 그는 아직 그다지 유명하지 않은 무용수였기에 황실극장에서 제안한 연봉은 그의 이름값에 비하면 대단히 파격적이었습니다.

원래 러시아 황실극장의 초대를 받은 것은 형인 루시앙이었습니다. 그러나 당시 인기가 많았던 루시앙은 여러 곳에서 초대를 받아 몸을 쪼개야 할 정도로 바빠서 대신 동생 프티파를 러시아로 보냅니다.

러시아의 제안을 받아들이기로 한 그때의 프티파는 자신이 남은 인생을 모두 러시아에서 보내게 될 거라고는 생각지 않았을 것입니다. 하지만 92살까지 장수했던 그는 생애 대부분인 무려 63년을 러시아에서 살았고, 그중 56년은 조국이 아닌 러시아 발레의 발전에 헌신했습니다. 무용가들이 대개 여러 극장을 옮겨 다니며 일하던 일반적인 상황과 비교해 보면 그가 드물게 상당히 뚝심 있는 사람이었다는 것은 분명해 보입니다.

하지만 1847년 러시아 황실발레단의 수석 무용수로 새로이 시작한 프티파의 발레 인생이 처음부터 탄탄대로를 걸었던 것은 아닙니다. 1851년 새로운 발레 마스터로 러시아에 입성한 쥘 페로는 희한하게 같은 프랑스 출신인 프티파를 홀대했습니다. 하지만 페로가 페테르부르크에서 11년간 발레단을 이끌어 가는 동안 프티파는 꿋꿋하게 자신의 자리를 지키며 페로의 작품 중 중요한 배역을 수없이 도맡았습니다.

쥘 페로가 황실발레단을 지도하는 11년 동안 프티파는 대견스럽게도 페로의 장점들을 스펀지같이 흡수했지요. 쥘 페로가 러시아를 떠난 뒤 새로 부임한 발레 마스터는 생 레옹이었습니다.

그런데 생 레옹마저 프티파와 미묘한 감정 기류를 만들며 그를 몹시 경계했습니다. 천재가 천재를 알아본다고, 모차르트를 향한 살리에리의 질투 같은 것이었을까요? 자신에게 관대하지 못한 발레 마스터와 연달아 일해야 했던 프티파의 러시아 생활은 춥고도 고단했을 것입니다.

그러나 프티파는 참으로 러시아를 닮았습니다. 낭만주의 발레가 부흥하고 쇠퇴하는 변화기를 거치면서 러시아가 수많은 인재를 확보하고 발레 대국의 초석을 다졌듯 프티파도 쥘 페로와 생 레옹이 거쳐 간 20여 년 동안 자신만이 할 수 있는 새로운 창작의 발판을 다졌습니다.

그렇게 20여 년을 보내고서야 프티파는 마침내 그토록 기다려 온 황실발레단의 발레 마스터 자리를 차지합니다. 오랫동안 무용수로 이미지가 굳어 있던 프티파가 드디어 안무가로서 자신의 실력을 발휘할 때가 온 것이지요.

안무가로 변신한 프티파, 발레 인생에 날개를 달다

그는 발레 마스터로서 첫 작품 〈돈키호테〉를 세상에 내놓습니다. 〈돈키호테〉는 화려하고 강도 높은 테크닉, 희극적인 연기, 감각적인 음악과 의상 등이 어우러져 추운 러시아 관객들에게 따뜻한 남쪽 나라에 대한 향수를 불러일으키기에 딱 좋은 작품이었지요. 작품은 선풍적인 인기를 끌었고 드디어 프티파의 시대가 열립니다.

프티파는 그야말로 대형 스펀지 같았습니다. 그는 극적인 플롯, 풍부한 연기를 곁들인 춤, 민속적인 특색이 있는 쥘 페로 스타일과 다양한 디베르티스망divertissement(심심풀이, 오락이라는 뜻이라는 발레의 줄거리와는 상관없이 막간에 하나의 구경거리로 들어가는 춤을 말하며, 그런 만큼 무용수 개인이나 집단의 재능과 기술이 부각된다. 관객들이 지루해할 염려가 있어서 극의 중간중간에 디베르스티망을 넣어 관객의 눈을 즐겁게 한다. 특히 〈잠자는 숲속의 미녀〉 제3막의 디베르티스망은 화려하기로 유명하다.), 대규모 군무인 발라빌레ballabile(일반적으로 독무獨舞가 없는 군무群舞를 말한다. 〈호두까기 인형〉 중 '꽃의 왈츠'가 대표적이다.)로 대표되는 생 레옹 스타일의 장점들을 모조리 흡수해 그것들을 총망라하는 장대하고도 호화찬란한 작품을 탄생시킵니다. 꼬박 20여 년 세월을 기다려온 그의 고집과 인내심, 발레에 대한 일관된 자세는 정말 박수받을 만하며, 한 분야의 대가는 결코 노력 없이 탄생하는 것이 아니라는 교훈을 줍니다.

이 〈돈키호테〉를 필두로 그의 발레 인생은 날개를 달기 시작합니다. 이후

프티파는 무려 34년 동안 발레 마스터로 장기 집권했는데, 그가 20여 년을 기다리면서 쌓아 올린 안무 능력은 그 시기에 진가를 제대로 발휘했고 덕분에 러시아 발레는 찬란하게 도약합니다.

우리가 알고 있는 〈라 바야데르〉, 〈잠자는 숲속의 미녀〉, 〈호두까기 인형〉, 〈백조의 호수〉, 〈파라오의 딸〉 등이 모두 이때 쏟아져 나온 작품들입니다. 그야말로 프티파와 러시아 발레의 전성기였던 것입니다.

안무가로서 프티파는 낭만 발레 스타일과는 사뭇 다른 자신의 고유한 발레 스타일을 발전시키는데 이것이 바로 우리가 '고전 발레'라고 부르는 발레 장르입니다. 그의 발레는 스승과 선배, 동료들의 장점들을 흡수했지만 결코 모방한 것은 아니었습니다.

19세기 후반을 빛냈던 프티파의 고전 발레는 웅장하고 화려했습니다. 황실이 화려한 무대를 제작할 수 있도록 후원한 덕분이었지요. 그러니 전형적인 고전 발레의 이미지가 샹들리에가 반짝이는 궁궐 무도회장의 왕족들과 귀족들인 것은 어쩌면 당연합니다.

그런데 고전 발레에서 가장 주목해야 하는 것은 화려한 규모만이 아닙니다. 그보다 꼭 기억해야 하는 것은 우리가 현재 알고 있는 발레의 테크닉들이 고전 발레에서 완성되었다는 점입니다. 고전 발레는 낭만 발레의 감정적인 요소들보다 테크닉의 완벽성을 강조했습니다. 그 때문인지 인간이 구현하기에는 신기에 가까울 정도의 발레 기술들이 개발되었지요.

안무가는 실수를 용납하지 않는 명료성, 조화, 균형, 질서와 같은 엄격한 형식을 무대 위에 실현하려 했고, 그러기 위해서 무용수들은 더욱 오랫동안

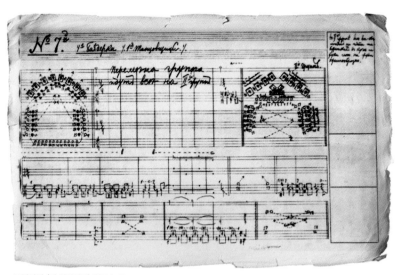

프티파의 〈라 바야데르〉 안무 노트

처음으로 32번 푸에테를 성공시킨 레냐니

집중적인 훈련을 해야 했습니다. 더 어려운 기술을 펼칠수록 관객들이 열광했기 때문에 무용수들의 기술은 나날이 수위가 높아질 수밖에 없었던 것이지요. 사람들의 호기심을 자극하는 고전 발레는 그렇게 해서 발레 마니아들을 만들어 냅니다.

프티파는 유난히 강도 높은 테크닉의 완벽성을 요구했는데 아무래도 어린 시절 그가 아버지에게 엄한 교육을 받으며 무용을 익혔던 경험 때문인 듯합니다. 자신이 체득했던 엄격함을 고스란히 발레에 담아 넣은 것이지요.

'회초리로 때린다'라는 의미가 있는 '푸에테Fouetté'는 몸의 중심을 잡은 다리를 다른 다리가 휘감으며 빠르게 팽이처럼 회전하는 동작을 말합니다. 푸에테 동작은 〈백조의 호수〉에서 절정을 이룹니다. 프티파는 〈백조의 호수〉 3막에서 발레 역사상 최초로 연속 32회전의 푸에테를 선보입니다. 1막과 2막에서 백조 오데트를 연기했던 발레리나가 3막에서 흑조 오딜로 변신해서 연기하는 32회전 푸에테는 마치 묘기의 정점을 보여 주는 서커스 같은 느낌마저 들었습니다.

1869년 이탈리아의 발레리나 피에리나 레냐니가 맨 처음으로 세상에 32회전 푸에테를 선보였을 때 관객들은 큰 소리로 그녀의 푸에테 숫자를 세었고 32번째가 되자 고함지르며 손뼉을 쳤다고 전해집니다. 이때 레냐니 혼자 백조 오데트와 흑조 오딜 두 가지 배역을 모두 연기했던 것이 전통이 되어 지금까지 이어지고 있습니다.

그 이후 〈백조의 호수〉의 오데트와 오딜은 발레리나에게는 성공을 상징하는 배역이 되었습니다. 발레리나가 오데트 역할을 맡는다는 것은 아마도 배우가 셰익스피어의 작품을 연기하는 것과 비슷한 의미일 것입니다.

이렇게 '프티파 표' 고전 발레의 대명사가 된 〈백조의 호수〉를 대표하는 것은 32회전의 푸에테뿐만이 아닙니다. 〈백조의 호수〉에 등장하는 발레리나들이 일사불란하게 움직이는 모습을 기억하실 텐데요. 분명한 선과 방향감을 가지고 규칙적으로 등장하고 퇴장하는 발레리나들은 대칭구조로 배치되어 움직임까지 통일함으로써 주인공을 중심으로 완벽한 조화를 이루어 냅니다.

육체의 한계를 뛰어넘는 무용수들의 땀과 노력이 얼마나 많이 필요하겠습니까? 시간이 지날수록 점점 더 정점으로 치닫는 테크닉이 요구되었기 때문에 무용수들은 부상에 시달리면서도 끊임없이 연습해야 했습니다. 그 때문에 무용수의 삶은 고달픈 연습의 반복이었고, 현재까지도 인간의 한계를 뛰어넘는 기교에 대한 요구는 전혀 느슨해지지 않았습니다. 그것이 바로 관객들이 가장 열광하는 부분이기 때문이지요.

화려한 눈 호강 '디베르티스망'

이 화려한 기교는 프티파 작품의 특징이었던 '디베르티스망'에서 주로 펼쳐졌습니다. 그의 작품 중 〈잠자는 숲속의 공주〉에서는 스토리와는 상관없이 느닷없이 파랑새가 나온다거나 장화 신은 고양이, 빨간 모자와 늑대, 신데렐라 같은 동화 속 캐릭터가 등장해서 익살스러운 춤을 추기도 하는데, 이것이 바로 프티파의 디베르티스망입니다.

발레의 줄거리와 상관없이 중간에 삽입하는 디베르티스망은 점점 높아지는 관객들의 수준에 부응하기 위해 본격적으로 도입되었습니다. 시각적으로 더욱 다양한 장면을 연출하고 싶은 욕심에 안무가들은 관객들에게 지루할 틈을 주지 않

〈잠자는 숲속의 미녀〉에서 라일락 요정으로 출연한 마리우스 프티파의 딸 마리 프티파(왼쪽)

기 위해 디베르티스망을 삽입합니다. 이것은 공연하느라 체력을 다 써 버린 무용수들에게 다음 장면을 준비하며 잠시 휴식할 수 있는 시간이 되기도 했지요.

이런 눈 호강은 주역인 발레리나와 파트너인 발레리노가 짝을 맞춰 춤을 추는 2인무 '파 드 되Pas de deux'에서 절정을 이루는데요. 여기서 혹독한 고전 발레의 아버지다운 프티파의 진가가 다시 드러납니다. 프티파가 기존에 있던 일반적인 파 드 되가 아닌 웅장하다는 뜻의 단어 그랑grand를 붙인 '그랑 파 드 되'를 만들었기 때문입니다.

그랑 파 드 되는 규칙을 중시하는 고전 발레답게 마치 소나타 같은 형식으로 진행되는데 그 진행 순서는 다음과 같습니다.

그랑 파 드 되 Grand pas de deux

1 앙트레   두 무용수가 입장해 포즈
entrée

---

2 아다지오   두 남녀가 느릿한 음악에 맞추어 추는 느린 춤
adagio

---

3 남자 솔로 바리아시옹   남성 무용수가 나와 개인기를 보여 주는 솔로 춤
variation pour le danseur

---

4 여자 솔로 바리아시옹   여성 무용수가 나와 개인기를 보여 주는 솔로 춤
variation pour la danseuse

---

5 알레그로 코다   마지막으로 두 남녀가 빠른 음악에 맞추어 화려한 기량을 펼치는 마무리
allegro coda

보통 2분이면 끝나던 파 드 되었는데, 이처럼 다섯 가지 순서를 모두 소화하려다 보니 당연히 춤추는 시간이 늘어났겠지요. 그런 탓에 2분짜리 2인무가 무려 10분으로 길어집니다. 프티파 이 남자, 패기가 정말 엄청나네요.

  이렇게 무용수들의 고달프디고달픈 테크닉의 향연이 이어지는 동안 관객들의 눈높이는 점점 더 높아집니다. 힘든 것은 무용수일 뿐 관객들은 더 발레가 재미있으니까요. 그러면서 아이러니하게도 우리는 어렵고도 어려운 프티파의 발레를 가장 친숙한 발레로 생각합니다.

발레, 음악을 입다

  관객들이 유독 프티파의 발레에 친근함을 느꼈던 이유는 무엇일까요? 프티파의 공연이 많은 세월이 흐른 지금까지도 가장 인기 있는 공연이 된 비결은 또 무엇일까요? 몇 번이고 보고 또 보아도 매력적일 만큼 관객들의 마음을 사로잡는 프티파만의 비밀이 따로 있었던 것일까요?

마린스키극장에 올린 〈호두까기 인형〉 초연 장면들

그 비밀은 바로 '차이콥스키'였습니다. 그러니까 프티파의 영업 비밀은 음악이었던 셈이지요. 프티파의 안무를 생각하면 우리에게 익숙한 차이콥스키 음악의 선율이 함께 떠오릅니다. 심지어 발레보다 차이콥스키의 발레 음악이 더 유명할 지경입니다.

프티파의 낭만적이고 비극적인 스토리 전개에서 차이콥스키의 음악은 절대 빠질 수 없습니다. 게다가 특정한 춤에서 요구되는 분위기를 포착하는 데 천재적이었던 차이콥스키의 멜로디와 관현악 음악의 충만함은 관객들을 현실과 동떨어진 발레의 세계로 인도하는 데 완벽한 역할을 합니다.

차이콥스키는 프티파 작품의 안무 음악을 맡으며 발레 음악의 가치를 한 단계 높입니다. 특히 〈잠자는 숲속의 미녀〉의 후속작인 〈호두까기 인형〉의 음악이 대성공을 거두면서 이전까지 무용 음악을 정식 음악보다 낮게 평가하던 고정관념을 산산조각내지요.

〈호두까기 인형〉의 음악 탄생에 얽힌 재미있는 에피소드가 있는데요. 한창 작곡 중이던 차이콥스키가 우연히 파리에서 발명된 '첼레스타'라는 악기를 발견합니다. 첼레스타는 당시 유럽에는 거의 보급되지 않았는데 이 악기는 피아노와 비슷하게 생겼지만 신기하게 타악기로 분류됩니다. 악기 내부에는 건반과 연결된 해머가 있는데 건반을 누르면 해머가 쇠로 된 울림판을 때려 소리를 내는 구조이기 때문입니다.

첼레스타

차이콥스키가 우연히 들은 첼레스타의 음색은 맑고 청아했습니다. 몽환적인 느낌을 주는 첼레스타의 음색에 매료된 차이콥스키는 친구에게 첼레

〈호두까기 인형〉 세트 스케치, 1892

스타를 구해 달라고 부탁하면서 다른 러시아 음악가들에게는 절대 알리지 말라고 신신당부합니다. 그리고 이 악기를 비밀스럽게 〈호두까기 인형〉에 활용합니다. 그는 이 첼레스타를 제2막 과자나라의 여왕인 사탕요정의 춤에서 십분 발휘하게 만듭니다.

첼레스타 소리는 환상적이고 몽환적인 분위기를 자아냅니다. 영화 해리포터 시리즈의 OST 중 'Hedwig's Theme'도 첼레스타 소리로 시작하며 몽환적인 느낌을 자아내지요.

차이콥스키는 〈호두까기 인형〉 1막의 마지막 곡인 '눈꽃 왈츠'에서 24명의 눈꽃 요정들이 추는 춤에 어린이 합창을 삽입하는 파격적인 시도를 합니다. 눈꽃이 아름답게 흩날리는 모습을 연상시키는 눈꽃 왈츠 장면은 엄청난 찬사를 받습니다. 이처럼 차이콥스키 덕분에 고전 발레의 대기록들을 세운 프티파는 〈레이몬다〉를 발표한 직후 일흔의 나이에 발레단으로부터 '위대한 대가이자 예술가'라는 칭호를 받습니다.

프랑스인 프티파, 러시아에서 잠들다

그런데 혹시 발레사의 흐름이 다른 예술 사조와는 조금 다른 점을 느끼지 못하셨나요? 그렇습니다. '고전주의→낭만주의'로 넘어가는 다른 예술들과 다르게 발레는 '낭만주의→고전주의' 순서로 진행되었습니다. 원래 낭만주의는 규격과 형식에 치우치고 지나치게 이성을 중시하는 고전주의에 반발하면서 나타났는데요. 발레는 그와 달리 16세기 후반부터 꾸준한 진보와 발전을 거듭하다가 19세기 후반에 이르러서야 그 형식을 완성했기 때문에 형식을 중요시하는 '고전주의'라는 명칭이 나중에야 붙여졌습니다. 시대를 거슬러 올라가는 듯한 느낌을 주는 예술적 조류는 발레사에서만 볼 수 있는 참으로 재미있는 대목입니다.

　이렇듯 영원히 고갈되지 않을 것 같던 프티파의 열정도 말년에는 상당히 고갈됐었나 봅니다. 시간이 갈수록 자신이 구축한 방법만을 고집하며 조금의 변화도 받아들이지 않았다니 말입니다. 그러나 변화하는 시대에 프티파의 고전주의는 통하지 않았고, 그는 새롭게 황실발레단에 입단한 젊은 세대의 거센 반대에 부딪힙니다. 결국, 프티파는 해고 통보를 받게 되지요. 한 발레단에서 무려 32년 동안 최고의 발레 마스터로 군림했던 프티파의 시대가 드디어 저문 것이지요.

　그 이후 러시아 혁명으로 소련 정부가 들어서자 러시아 무용수들은 정치적인 문제로 잇따라 망명을 하기 시작합니다. 그 결과 프티파의 강도 높은 테크닉들은 유럽과 아메리카까지 활발하게 퍼져 나갑니다.

　프티파는 끝내 조국 프랑스로 돌아가지 않았고, 1910년 92살의 나이로 러시아에서 눈을 감았습니다. 명성에 비하면 한없이 조용한 죽음이었지만 누가 그의 업적에 필적할 수 있을까요? 그는 충분히 러시아 고전 발레의 아버지로 불릴 자격이 있습니다.

　그런데 현존하는 러시아 볼쇼이발레단의 전 예술감독이었던 안무가 유리 그리고로비치 역시 무려 33년 동안 군림하다가 단원들이 일으킨 파업에 밀려 퇴임하게 되는데요. 그는 "러시아 발레에서 프티파의 뒤를 이은 사람은 바로 나다"라고 주장했습니다. 30여 년 동안 교조적으로 군림한 거인들의 모습이 왠지 비슷한 것 같습니다.

마리우스 프티파

Sergei Diaghilev

세르게이 댜길레프

1872~1929

별들을 모아 우주를 창조한 세기의 제작자

K-pop 스타 BTS, 소프라노 조수미, 트로트 가수 임영웅, 아이돌 아이유, 발레리나 김주원, 발레리노 김기민, 그리고 피아니스트 임윤찬까지 당대 최고의 예술가들을 하나의 소속사에 불러 모아 놓고 팀을 만든 뒤 음악은 지휘자 정명훈이, 대본은 영화감독 봉준호가, 무대 미술은 비디오 작가 백남준이, 공연 의상은 앙드레 김이 맡는다면?

그게 가능해? 하고 생각하시겠지만 그런 말도 안 되는 불가능한 기획을 실제로 해낸 사람이 있습니다. 그는 에릭 사티, 파블로 피카소, 조르주 브라크, 코코 샤넬, 장 콕토, 마르크 샤갈, 레온 박스트, 드뷔시, 스트라빈스키, 니진스키, 안나 파블로바, 미셸 포킨 등 미처 여기서 다 거론할 수 없을 정도로 많은 그 시대를 대표하는 예술가들을 파리에 불러들여 획기적인 발레 공연을 만들어 냅니다.

발레 역사상 가장 획기적인 충격이라 불리는, 그야말로 사건 중 대사건을 벌인 '문제적 남자'는 바로 세르게이 댜길레프입니다.

댜길레프는 1872년 러시아 소귀족 가문 출신이자 황실근위대의 육군 대령이었던 아버지가 근무하던 러시아 노브고로드의 군대 막사에서 장남으로 태어났습니다. 불행히도 댜길레프의 어머니는 산고를 이기지 못한 채 아들을 낳은 지 며칠 만에 세상을 떠납니다. 어머니가 죽은 뒤, 아버지는 페테르부르크로 거처를 옮겨 정착합니다.

소귀족이라는 계급과 비교적 안정된 직장이 있었던 아버지는 아내가 죽고 2년 뒤에 자신과 비슷한 신분의 옐레나 파니에바와 재혼합니다. 태어나자마자 어머니가 없었던 댜길레프에게 드디어 새어머니가 생긴 것입니다.

댜길레프의 의지력과 고집, 밀고 나가는 추진력, 예술적 소양과 생활 전반에 미치는 교양은 새어머니에게서 받은 긍정적 영향이 절대적이었다고 말해도 과언이 아닐 만큼 그녀는 댜길레프의 인생에서 중요한 인물이었습니다.

새어머니의 훌륭한 소양과 인품 덕분에 댜길레프는 화목한 어린 시절을 보냈습니다. 그녀는 단순히 사랑을 듬뿍 주고 돌봄의 역할만을 잘한 것이 아니라 교육적이며 예술적인 능력까지 두루 갖춘 여성이었습니다. 특히 그녀는 훗날 댜길레프가 제작자로서 갖추어야 할 도전 정신을 심어 주었습니다. 댜길레프가 어렸을 때 "나는 할 수 없어."라고 말할 때마다 "네가 잊어야 할 것은 바로 그 말이야. 우리가 하려고만 한다면 불가능이란 없는 법이니까." 라는 말을 해 주었다고 합니다. 참 멋진 어머니지요.

댜길레프의 자질을 맨 처음으로 알아보고 키워 준 것도 바로 새어머니였습니다. 그녀는 댜길레프 안에 있는 풍부한 자질을 조기 예술 교육을 통해 밖으로 끌어냅니다. 새어머니였지만 한 아이를 온전히 길러 내는 역할을 톡톡히 완수해 낸 것이지요. 댜길레프도 새어머니를 얼마나 좋아했는지, 평생 새어머니 이야기를 할 때면 최고의 찬사와 무한한 애정을 쏟아 냈습니다.

게다가 그녀는 많은 사람을 끌어들이는 매력을 지닌 사람이었습니다. 러시아 소귀족이었던 댜길레프의 집에는 같은 계급의 지식인 소귀족들이 끊임없이 드나들었습니다. 당시 상류사회는 문화생활에 상당히 열정적이었는데, 그녀의 친구들은 대부분 수준 높은 교양을 갖추고 있었고 특히 음악에 대한 식견이 대단해서 함께 오페라나 음악회를 즐기러 다녔다고 합니다. 이런 집안 분위기는 잉크가 습자지에 스며들 듯 자연스럽게 댜길레프의 세계에 스며들었습니다. 예술을 향한 그의 열정은 그때부터 시작되었습니다.

페테르부르크에서 그 같은 생활을 했던 댜길레프는 10살이 되던 해에 아버지의 채무 문제 때문에 부득이 할아버지가 사는 페름이라는 시골 마을로 이사합니다.

상당한 재력가였던 할아버지의 시골집은 그야말로 박물관 그 자체였습니다. 특히 댜길레프의 할아버지는 엄청난 장서와 그림책을 수집했는데 그런 할아버지의 집은 댜길레프에게 일관된 교육의 기회를 제공했습니다. 그뿐만 아니라 도시에서 온 그에게 시골의 자연 친화적인 생활방식은 깊이 사랑하고 명상하는 태도를 익히게 해 주었습니다. 이렇게 그는 참으로 이상적인 환경에서 자랐습니다.

세련된 취향, 뛰어난 기획력으로 문화잡지 《예술 세계》 창간

18살이 된 댜길레프는 상류층 자제답게 법률을 공부하기 위해 시골집을 떠나 페테르부르크로 갑니다. 그리고 법률을 공부하면서 사촌 디마 필로소포프의 소개로 브노와, 누벨, 소모프 등 새로운 친구들을 만납니다. 그들은 당대 페테르부르크 지식인을 대표하는 인물들이었습니다. 그로써 유년기가 끝난 그의 삶에 새로운 지평이 열린 것이지요.

디마에게 소개받은 친구들은 음악, 미술뿐만 아니라 각종 예술에 대한 식견을 주고받으며 댜길레프와 교류를 이어가지만, 그들은 사실 디마가 소개했기 때문에 댜길레프와 관계를 이어갔던 것이지 그를 인간적으로 좋아한 것은 아니었습니다.

댜길레프는 새어머니가 가르친 다양한 지식을 훌륭하게 소화했지만 그녀와는 전혀 다른 성격의 어른으로 성장했기 때문입니다. 훗날 그를 기억하는 사람들은 그를 메마른 인간으로, 인간적 감정이 거의 없다고 느껴질 정도로 냉혹한 인물이라고 회상했습니다. 댜길레프는 독재적이고 동료를 배신하는 일이나 상대방의 자존심을 뭉개 버리는 일도 서슴지 않는 사람이었습니다. 게다가 강한 자에게는 약하고 약한 자에게는 강한 면도 있었습니다. 브노와는 댜길레프와 만난 지 얼마 되지 않았을 때 댜길레프를 구역질 나는 속물근성이 있는 사람이라고 생각했을 정도입니다.

그리고 그에게는 또 하나의 독특한 면모가 있었습니다. 그것은 바로 남자를 사랑하는 동성애적 기질이었습니다.

당시 귀족 자제들은 으레 대학에 입학하기 전에 몇 달 동안 수학여행과 같은 교육적 개념의 '그랜드 투어'라는 해외여행을 떠나곤 했습니다. 댜길레프도 몇 달 동안의 유럽여행을 계획했습니다. 여행은 사촌 디마와 함께 떠나는 것으로 약속되어 있었지요.

그랜드 투어를 떠나기 직전, 그의 아버지는 댜길레프를 사창가에 데려갑니다. 그것은 그 당시에는 일반적이었던 성교육 방법이었는데 동성애 성향이 있던 댜길레프는 사창가의 경험으로 여성을 혐오하게 되었고, 오히려 그의 동성애적 성향이 확고해졌습니다. 그 뒤로 그는 평생을 독신으로 살면서 여자에게는 관심조차 두지 않았습니다.

그리고 그때 불쾌한 경험을 하고 떠난 사촌 디마와의 해외여행에서 댜길레프는 디마와 사랑에 빠집니다. 그렇게 해서 디마는 그의 첫 번

댜길레프의 첫사랑 디마(드미트리) 필로소포프

째 애인으로 기록되었습니다.

여행도 하고 사랑도 했으니 임도 보고 뽕도 딴 셈이었던 댜길레프의 생애 첫 해외여행은 여러 가지 면에서 그에게 깊은 추억을 남깁니다. 그는 여행지에서 보고 느낀 지식을 놀랄 만큼 빠르게 자신의 것으로 빨아들입니다. 그렇지 않아도 세련된 그의 취향은 더욱 세련되어졌으며, 동시대 러시아인들로서는 경험하기 힘들었던 유럽 예술을 통해 시대를 한참이나 앞서는 혜안을 터득합니다.

법과대학을 다니던 그는 러시아로 돌아와 진로를 틀어 페테르부르크 미술 아카데미와 음악원 수업을 듣기 시작합니다. 하지만 높은 안목과는 달리 그는 미술에도, 작곡에도 재능이 없었습니다. 자신이 직접 하는 것과 남이 하는 것을 평가하는 건 다른 문제였던 겁니다.

그러나 기획력이 훌륭했던 댜길레프는 미술비평가로 활동하며 러시아에서 '영국 - 독일 수채화전'을 열어 성공을 거둡니다. 어린 나이였던 그는 전시를 위해 엄청난 아부와 아첨으로 귀족들의 후원을 얻는 과정에서 수완을 발휘합니다. 권위 있는 평론가들은 그런 그를 곱게 보지 않았고 비판적인 기사를 써댔습니다. 댜길레프는 항의하고 싶었지만 별다른 방법이 없었습니다.

하지만 그는 '우리가 하려고만 한다면 불가능이란 없는 법'이라는 새어머니의 가르침을 항상 기억하고 있었습니다.

그즈음 디마에게 소개받았던 친구들의 모임은 '예술세계파'라고 불리며 새로운 예술이란 뜻으로 러시아 아르누보를 견인하는 예술 공동체로 급부상하고 있었습니다. 예술세계파의 주장은 '예술은 예술을 위해 존재해야 한다'는 것이었는데, 댜길레프는 예술세계파 친구들과 함께 자신의 목소리를 마음껏 내기 위해 《예술 세계》라는 문화잡지를 창간합니다. 이는 그의 놀라운 추진력만이 아니라 자신에 대한 공격을 받아들이지 못하는 못된 성질머리를 보여 주는 대목이 아닐 수 없습니다. 어쩌면 그가 새어머니의 가르침에서 얻은 것은 절대적인 자신감일지도 모르겠습니다.

《예술 세계》는 러시아 미술사 전반에 대해 체계적으로 접근해 정리한 댜길레프의 기념비적 업적 중 하나였습니다. 그들의 활동 중 가장 눈에 띄는 것은 바로 '무대 미술 개념의 정립과 발전'이었습니다. 러시아 공연 문화의 품격은 이때부터 만들어졌다고 해도 과언이 아니지요.

러시아판 아르누보를 상징하는 잡지 《예술 세계》는 그와 친구들이 지금까지 쌓아 놓은 지식을 유감없이 발휘하는 좋은 창구가 되었고, 러시아 문화계에서 깜짝 놀랄 만한 성공을 거둡니다. 손대는 것마다 줄줄이 터지는 대박 행진이 시작된 것입니다.

미다스의 손 댜길레프, 손대는 것마다 줄줄이 대박

조금 전 댜길레프의 성질머리 이야기를 잠깐 했는데요. 사실 그와 함께 《예술 세계》 잡지를 창간한 친구들은 자기 마음대로 주도해야 직성이 풀리는 댜길레프의 성격 때문에 끊임없이 충돌했습니다. 다들 그를 못 마땅해했죠. 필요하면 주저 없이 아부를 떨다가 필요가 없어지면 유통기한이 다한 음식을 폐기하듯 등을 돌려 버리고, 그러다가 또다시 필요해지면 언제 그랬냐는 듯 달려가서 모자를 벗고 공손히 먼저 허리 숙이는 행동을 서슴지 않는 그를 친구들은 이해하기 힘들었습니다.

그래서일까요? 그는 평생토록 우리가 생각하는 개념의 친구를 하나도 만들지 못했습니다. 그는 언제나 당대 최고 예술가들과 교류했지만, 그런 관계의 대부분은 인간관계가 아닌 이해관계였습니다. 씁쓸한 이야기가 아닐 수 없습니다.

어쨌거나 잡지의 성공은 그에게 또 다른 기회를 열어 주었습니다. 잡지 덕분에 러시아 황실극장인 마린스키극장의 특별고문 자리에 오르게 된 것이지요. 게다가 프랑스에서 초연된 발레 〈실비아〉를 드디어 마린스키극장에서 공연하게 됩니다. 그의 발레 인생은 이렇게 꽃을 피우기 시작합니다.

훗날 이처럼 발레 예술에서 특별한 시기를 창조했다는 이야기까지 들을 정도로 발레사에 막대한 영향력을 끼친 댜길레프였지만 정작 본인은 춤을 추지 못했습니다. 그림에도 소질이 없고 음악에도 소질이 없었던 것처럼 말이지요. 하지만 그깟 게 무슨 상관이었겠습니까? 현대적으로 이해해 보자면 그는 BTS를 제작한 HYBE의 방시혁 같은 제작자였는데 말입니다. 그는 미다스의 손을 가진 사람이었습니다.

댜길레프는 젊은 시절부터 이미 성공에 대한 자신감이 넘쳤던 것으로 보입니다. 그가 23살에 새어머니에게 쓴 편지에 이런 내용이 있습니다. 천직을 발견했는데 그것은 '마에케나스Maecenas'가 되는 것이며 자신은 그에 필요한 모든 것을 가지고 있다고.

마에케나스는 예술의 보호자라고 불리는 로마의 정치가이자 예술 후원자인데, 그는 황제 아우구스투스가 당대 유명한 시인 베르길리우스를 후원하게 하는 데 중요한 역할을 했습니다. 로마 문학 중 가장 위대한 작품으로 평가받는 베르길리우스의 〈아이네이스〉는 마에케나스의 지지와 후원이 없었다면 탄생하지 못했을 것입니다. 예술가를 후원했던 마에케나스의 역할을 지금의 관점으로 따져 본다면 아마 후원자와 같은 개념이었을 것 같습니다.

예측은 적중했습니다. 새어머니에게 예술의 보호자가

댜길레프와 친구들

자신의 천직이라는 편지를 보내고 나서 11년 뒤인 1906년, 영국의 잡지 《스타디오》는 댜길레프를 이렇게 표현했습니다.

'페테르부르크의 마에케나스'

댜길레프는 자기 자신에 대해 정확하게 인지하고 있었던 겁니다.

1906년, 해외로 눈을 돌린 34살의 댜길레프는 파리에서 러시아 근대회화를 총망라하는 러시아 미술전을 개최해 프랑스 정부로부터 러시아 정부대표 문화 사절 자격으로 문화 훈장까지 받습니다. 어엿하게 국제적인 명성을 얻게 된 것입니다.

파리 미술전에서 용기를 얻은 댜길레프는 거기서 멈추지 않고 내친김에 샬리아핀Feodor Chaliapin의 노래를 파리에 수출합니다. 그리고 이름만 들어도 가슴이 뛰는 리아도프, 라흐마니노프, 차이콥스키, 스크랴빈, 림스키, 그리고 글라주노프의 음악을 파리에 알리고, 오페라 〈보리스 고두노프〉까지 크게 성공시킵니다.

미술평론가, 잡지발행인, 마린스키극장 특별고문, 미술 전시기획자, 오페라 총괄기획까지 맡아 온 댜길레프는 거기서 만족했을까요? 아니었습니다. 그는 여전히 배가 고팠습니다.

전 세계 예술계에 지각 변동을 불러온 '발레 뤼스'

댜길레프는 세계무용 역사상 영원히 기념될 만한 역사적인 일을 벌이고 맙니다. 1909년 5월 19일, 프랑스 샤틀레극장에서 발레사에서 가장 획기적이고도 충격적인 대사건인 '발레 뤼스'가 탄생합니다. 프랑스어로는 '러시아 발레단'이라고 번역되는 발레 뤼스는 20세기 초, 예술 분야에서의 러시아 혁명으로 불립니다. 발레 뤼스는 춤과 음악으로만 이루어진 고전 발레 공연에 춤, 음악, 시각예술, 무대장식, 그리고 의상을 넣어 발레를 귀족들의 여흥거리가 아닌 하나의 종합예술로 승격시

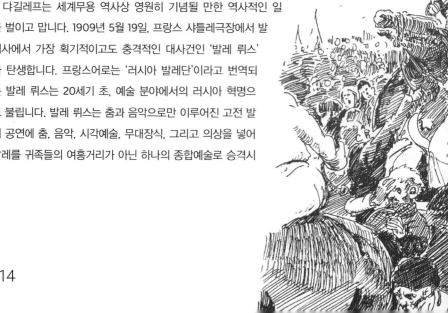

킨 최초의 발레단이었습니다.

1905년 페테르부르크의 동궁광장에서 차르에게 빵을 달라고 애원하는 비폭력 노동자들을 무차별적으로 학살했던 '피의 일요일' 사건 이후 일어난 러시아 혁명은 20세기 최대의 사건이었습니다. 이 러시아 혁명 이후 파시즘과 나치즘이 등장했고, 그 때문에 세계 2차대전까지 일어났기 때문이지요. 미국과 소련의 냉전 체제로 이어졌다가 소비에트 연방의 해체로 마무리된 러시아 혁명은 자본주의의 탐욕을 자극했고, 이는 수정자본주의로 발전해 분배와 복지의 개념으로까지 진화합니다. 발레 뤼스가 탄생했던 당시 러시아 정세가 이렇게 꼬리에 꼬리를 물고 이어져 현대에 이르기까지 영향을 미친 것이지요.

발레 뤼스를 러시아 혁명에 비교하는 이유는, 파리에서 시작한 발레 뤼스역시 러시아 혁명의 나비효과처럼 전 세계 문화예술계에 엄청난 파문을 일으켰기 때문입니다. 댜길레프의 발레 뤼스는 그만큼 세계 예술의 지각변동을 일으킨 대사건이었습니다.

서구에서는 댜길레프 덕분에 최초로 러시아의 발레 예술을 경험했고, 러시아 발레에 완전히 매료된 사람들 덕분에 지금까지 단순한 오락물로만 여겨지던 발레가 종합예술로 한 단계 도약할 수 있었습니다.

댜길레프는 발레 뤼스에 대해 이렇게 말했습니다.

"나는 이미 러시아의 그림과 음악, 그리고 오페라를 파리에 소개했다. 오페라와 발레는 한 발짝 차이다. 발레 뤼스의 발레야말로 그 자체로서 이 모든 예술 행위를

〈피의 일요일〉 사건 스케치

전부 포괄하는 종합예술이다."

댜길레프가 예술의 보호자였다면 발레 뤼스는 '발레의 구원자'였던 셈입니다. 댜길레프의 발레 뤼스는 무용을 살아 있는 예술 형식으로 단단히 자리매김합니다. 그도 그럴 것이, 무용은 인간의 정서를 가장 광범위하게 표현하는 것은 물론이고, 언어의 장벽을 넘어 전 세계 어디에서든 통하는 하나의 언어가 될 수 있기 때문이지요.

이렇듯 발레 예술이 종합예술로 인식되면서 무용수와 안무가뿐 아니라, 샤갈과 피카소 같은 미술가를 비롯해 스트라빈스키와 드뷔시 같은 음악가들, 심지어 의상 디자이너인 코코 샤넬까지도 발레 뤼스와 협업하기 위해 부지런히 모여들기 시작했습니다.

오늘날에도 여성들에게 절대적인 사랑을 받는 가브리엘 샤넬은 무대의상에 참여한 첫 번째 패션 디자이너라는 영예를 얻었습니다. 그는 트위드 골프바지나

레온 박스트가 디자인한 〈불새〉의 의상 스케치, 1910

선수용 수영복 등 운동복을 이용해 산업혁명 이후 여성을 표현한 현대적인 무대의상으로 혁신을 이끌었다는 평가를 받았습니다.

발레가 국제적으로 중요한 종합예술로 자리매김하게 한 댜길레프의 공헌은 말로는 이루 다 설명할 수 없을 정도입니다. 발레 뤼스에서 제작된 〈세헤라자데〉, 〈불새〉, 〈푸른 신〉, 〈타마르〉와 같은 러시아 발레 공연들은 관객들

레온 박스트가 디자인한 또다른 의상

의 상상력을 강렬하게 자극했는데, 아시아풍의 전설과 어울리는 눈부시고 화려한 무대의상과 소품, 세트와 장식들이 문화의 지각 자체를 뒤흔들어 놓았습니다.

그 결과, 남녀 무용수들이 입었던 페르시아풍의 의상, 쿠션, 양탄자, 커튼은 당시 패션과 실내 장식에 곧바로 반영되었습니다. 풍부하고 화려한 색채로 이루어진 이국적인 패션이 유행하기 시작했고, 꽃향기가 물씬 풍기는 향수에는 러시아 발레를 연상시키는 '샤쿤타라', '니르바나'와 같은 상표가 붙었을 뿐만 아니라 보석 세공, 인테리어, 철제 가구, 유리 제품, 그리고 출판 제본에 이르기까지 그 영향력은 일일이 열거하기조차 어렵습니다.

또한 발레 뤼스는 모던 발레의 출발점이기도 합니다. 발레 뤼스가 선보인 기존 고전 발레와는 전혀 다른 실험적이고도 새로운 무용 스타일은 '모던 발레'라는 사조를 만드는 데 결정적인 역할을 했습니다. 사실상 댜길레프 덕분에 모던 발레가 출발했다고 해도 과언이 아니지요.

이 모든 것이 댜길레프라는 한 사람의 아이디어에서 나왔다는 사실이 놀라울 따름입니다. 어려서부터 받은 교육 덕분에 뛰어난 안목과 취향이 다져졌고, 독창적이고도 새로운 것을 끊임없이 갈구했던 그의 진취성이 바로 세계무용의 역사를 바꾼 것입니다.

발레 뤼스 무대를 그리는 피카소

〈뮤즈를 인도하는 아폴로〉 발레 뤼스 공연 장면. 남녀 무용수가 샤넬이 디자인한 의상을 입고 있다.

　그에게는 조국의 혼란스러운 상황조차 오히려 도움이 되는 행운도 따랐습니다. 발레 뤼스가 출범했을 당시 러시아 정세는 무척이나 어지러웠습니다. 그러다 보니 페테르부르크의 마린스키발레단과 모스크바의 볼쇼이발레단의 단원들은 황실발레단에 대한 불만이 상당했습니다. 하지만 황실발레단은 피의 일요일 사건처럼 처우 개선을 요구하는 무용수들에게 강압적인 태도를 보였습니다. 실망한 무용수들은 황실발레단을 떠나고 싶다는 생각을 했습니다. 만약 황실발레단이 무용수들에게 안정감을 주었더라면 내로라하는 무용수들이 굳이 조국을 떠나면서까지 적극적으로 발레 뤼스에 참여하지 않았을 것이고, 댜길레프도 그렇게 많은 인재를 확보하지 못했을 것입니다.

　실제로 발레 뤼스를 처음 결성했을 때는 13명의 무용수로 출발했기에 댜길레프는 공연 때마다 다른 발레단에서 무용수들을 빌려와야만 했습니다. 그런데 러시아 최고의 무용수들이 자국의 어지러운 상황을 피해 황실발레단을 떠나온 덕분에 최고의 무용수들을 충분히 확보할 수 있었습니다.

　이처럼 발레 뤼스가 20세기 모던 발레의 토대가 된 배경에는 러시아 혁명을 빼놓을 수 없습니다. 그 시절 러시아를 떠나온 무용수와 안무가들이 러시아 혁명 이후 정치적으로 불안한 고국으로 돌아가지 않고 세계 각국으로 흩어져 발레 뤼스의 유산을 전파했기 때문입니다. 영국 로열발레단, 램버트 무용단, 미국 아메리칸발

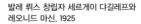

발레 뤼스 창립자 세르게이 댜길레프와
레오니드 마신, 1925

발레 뤼스 〈클레오파트라〉 공연을 위한 레온 박스트의 세트 디자인, 1909

레시어터, 뉴욕시티발레단, 파리 오페라발레단 등의 창단과 부활은 모두 발레 뤼스 출신들이 이뤄 낸 엄청난 결과입니다. 댜길레프가 현대에 미치는 영향을 왜 그렇게 대단하다고 앞다퉈 칭송하는지 이제 아시겠지요?

발레 뤼스는 미국과 유럽을 넘어 아시아에까지 영향을 끼쳤는데 발레 뤼스가 해체된 이후 발레 뤼스 단원들이 중국 상하이발레단에서도 활동했습니다. 그들을 주축으로 결성된 중국의 발레단은 이름마저 '상하이 발레 뤼스'였습니다.

일본인 발레리노 고마키 마사히데는 상하이 발레 뤼스에서 주역으로 활동했는데 훗날 고국으로 돌아가 일본에서는 처음으로 〈백조의 호수〉를 무대에 올려 성공시키며 자신의 이름을 딴 '고마키발레단'을 설립합니다. 그리고

1950년대에는 한국의 박용구가 고마키발레단에서 창작 발레 대본을 쓰면서 발레 뤼스의 영향은 마침내 우리나라에까지 상륙합니다.

댜길레프에게는 재정면에서도 많은 행운이 따랐습니다. 빈털터리가 된 러시아의 부모에게서는 아무런 지원도 받을 수 없었지만, 그는 엄청난 수완으로 끊임없이 귀족들의 후원을 끌어냈습니다. 그는 부유층들이 내어준 투자금으로 여유 있게 생활했던 것으로 알려졌는데, 댜길레프의 전기를 집필한 스헤이엔은 그를 사실상 사기꾼이었다고 평가했습니다.

여러 가지 면에서 댜길레프는 일관성 있게 한 가지 모습을 보여 준 캐릭터였다기보다는 상황에 따라 시시때때로 변신해 온 다각적인 인물이었던 것으로 보입니다.

분명한 것은, 발레 뤼스가 출범한 이후 댜길레프의 삶은 발레 뤼스 그 자체였다는 것입니다. 기획과 경영이 모두 댜길레프의 손에서 좌지우지되었던 발레 뤼스는 그에게 삶 자체였고, 일이었고 사랑이었습니다.

끝내 찾지 못한 진짜 사랑

공식적인 동성애자였던 그는 발레 뤼스의 수석 발레리노 자리에 연달아 자기 연인들을 골라 앉힙니다. 공과 사의 경계를 구분하지 못했던 것이지요.

그는 많은 젊은 무용수들과 끊임없이 동성애 관련 추문을 만들어 냈지만 한결같이 예술적 재능이 있는 남자들에게만 애정을 느꼈습니다. 그를 사로잡은 것이 상대의 예술적 재능이었는지 성적 매력이었는지 지금으로선 정확히 알 수 없지만, 어쨌거나 분명한 것은 댜길레프가 꾸준히 젊은 무용수들을 사랑했고 그들의 능력을 발전시켜 발레 뤼스의 주인공으로 만들었다는 점입니다.

그의 삶을 통틀어 살펴봤을 때 그가 여성을 사랑하지 못하고 여성과의 성적 관계에 혐오감을 느꼈던 것은 비극이 아닐 수 없습니다. 게다가 진심으로 동성에게서 인생의 반려자를 찾으려 했던 댜길레프의 마음과는 달리 그의 연인들의 생각은 조금 달랐습니다. 그의 연인들은 하나같이 동성애로 댜길레프와 가까워진 뒤 명성을 얻은 후에는 그의 곁을 떠나 여자와 사랑에 빠지곤 했습니다. 그러니까 그의 연인들 대부분은 성공하기 위해 댜길레프의 취향에 맞춰 선택적으로 동성애자 노릇을 했을 확률이 높습니다.

댜길레프는 평생 사랑을 갈구했지만, 그토록 원했던 진짜 사랑은 그가 인생을 마감할 때까지도 끝내 찾아오지 않았습니다.

늘 10대 후반에서 20대 초반의 어린 남자들과 사랑에 빠졌던 그의 성적 취향이 도덕적 비난의 대상이 될 수도 있지만 달리 생각해 보면 정작 어린 발레리노들에게 이용당하고 피해를 입은 쪽은 오히려 댜길레프 자신이었을지도 모릅니다.

그의 연인 중 가장 유명했던 니진스키 역시 그랬습니다. 스헤이엔의 연구에 따르면, 니진스키는 댜길레프의 애인이 되기 위해 매우 적극적이었다고 합니다. 그 덕분이었는지 댜길레프의 연인이 되어 지내는 5년여 세월 내내 발레 뤼스의 간판스타의 자리를 꿰찼지만 1913년 결국 남자가 아닌 여자와 결혼하면서 해고당하고 맙니다.

니진스키의 빈자리가 곧바로 새 애인으로 채워진 것은 말할 것도 없지요. 그가 바로 볼쇼이발레단에서 온 레오니드 마신이었는데, 그는 그다지 뛰어난 기량을 가진 무용수는 아니었습니다. 하지만 마신은 상당한 미남이었고 댜길레프의 애인이 되었습니다. 댜길레프는 마신을 집중적으로 교육하고 예술적 소양을 갖추도록 이끌었습니다. 애송이를 키워 준 것이나 다름이 없지요.

그렇게 댜길레프의 손에서 성장한 마신은 해고된 니진스키를 대신해 1914년 발레 뤼스의 새로운 수석 발레리노가 됩니다. 같은 해

레오 박스트가 그린 레오니드 마신

1차 세계대전이 일어났지만 마신은 발레 뤼스에 남아 댜길레프의 곁을 지킵니다.

발레 뤼스를 떠난 뒤로 인생의 내리막길을 경험하고 있던 니진스키는 일기에 마신에 대한 부러움과 댜길레프와의 이별을 후회하는 마음, 다시는 이전으로 돌아갈 수 없는 현실에 대한 비통함 등 복잡한 심경을 남겼습니다.

그런데 슬프게도 니진스키와 마찬가지로 마신 역시 여자와 사랑에 빠집니다. 마신은 발레리나 사비나와 몰래 사귀다가 댜길레프에게 발각이 되어 1921년 해고됩니다. 지나치게 구속한 탓에 첫사랑이었던 디마와 니진스키가 자신을 떠났다고 생각했던 댜길레프는 마신에게는 최대한 자유를 주었지만, 또다시 버림받았던 것입니다. 하지만 댜길레프는 니진스키보다 마신과의 이별에 더 큰 충격을 받았습니다. 그만큼 애송이 시절부터 자신이 직접 교육하고 성장시킨 마신을 더 사랑했기 때문이지요.

그 후로도 젊은 무용수들은 댜길레프의 사랑을 두고 경쟁을 벌였는데 보리스 코치노, 안톤 돌린, 세르주 리파가 그들입니다. 댜길레프는 꾸준히 무용수들과 연인관계를 맺었고 어김없이 자신의 애인에게 발레 뤼스의 수석 발레리노 자리를 내주곤 했지만, 그들 역시 댜길레프의 마지막 사랑이 되지는 못했습니다.

댜길레프는 죽기 1년 전, 고약하게도 16살의 러시아 음악 신동인 이고르 마르케비치를 사랑하게 됩니다. 노년의 남자가 소년에게 사랑의 감정을 느꼈다는 점 때문에 그는 결국 악명높은 성탐닉자라는 비난을 피할 수 없었습니다. 그런데 훗날 마르케비치는 유명한 음악가로 성공했고, 사랑하는 여자를 만나 결혼도 하는데, 아이러니하게도 그의 아내가 된 여인은 니진스키의 딸, 키라 니진스키였습니다.

댜길레프는 1929년 베네치아에서 당뇨 합병증으로 세상을 떠납니다. 평생 사랑을 갈구했던 그의 마지막 순간은 안타깝게도 사랑 없이 쓸쓸하게 끝이 납니다.

아내 베라 포킨과 함께 〈세헤라자데〉를 추는 미하일 포킨

발레 뤼스가 활동했던 20년을 크게 3기로 구분합니다.

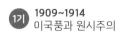 1909~1914
이국풍과 원시주의

 1915~1921
모더니즘의 도입

 1922~1929
아방가르드의 실험

1기는 미셸 포킨이 안무한 〈레 실피드〉, 〈불새〉, 〈세헤라자데〉, 〈페트루슈카〉로 대표되는데, 이 작품들은 지금까지도 사랑받고 있습니다.

러시아 무용수이자 안무가인 미하일 포킨은 19세기 제정러시아에서 고전 발레를 배웠지만 지나치게 엄격하고 인위적인 프티파식 발레를 그저 우스꽝스러운 신체적 묘기에 불과한 것으로 여겼습니다. 고전 발레의 인습을 타파하고 싶었던 그는 그림, 음악, 연극 등 다양한 장르에서 영감을 얻어 자연스럽고도 감정표현을 중요시하는 안무들을 창작합니다. 1914년 런던타임스에 보낸 그의 편지에서 드러난 그의 견해는 다섯 가지로 요약됩니다. 그것이 바로 '발레 혁신을 위한 5대 원칙'입니다.

1) 주제에 맞게 필요한 동작과 형식만을 사용해야 한다.
2) 춤과 마임은 단순 기교가 아닌 극적인 표현과 관련되어야 한다.
3) 관습적 발레 동작은 허용될 수 있으나 가능한 한 몸 전체의 표현성을 살려야 한다.
4) 군무는 장식용으로 불필요하게 사용하지 않는다.
5) 항상 타 예술들과 동반적 관계를 유지해야 한다.

미하일 포킨의 타임스지 기고문, 〈발레 혁신을 위한 5대 원칙〉 (1914.7.6)

아우구스트 마케가 그린 발레 뤼스 공연 장면

장 조르주 노베르가 떠오르지 않습니까? 포킨이 주장한 5대 원칙은 오늘날 일종의 발레 개혁이라고 평가받으며 그는 '20세기 노베르'로 불리기도 합니다. 앞에서 언급한 발레 혁신의 5가지 원칙은 현재 우리가 알고 있는 현대 발레의 형태와 다르지 않으니 미하일 포킨과 장 조르주 노베르가 그 당시 얼마나 앞서나간 혁신가였는지를 알 수 있습니다.

그러나 발레 뤼스에서 이렇게 맹활약하던 포킨은 댜길레프가 자기 애인인 니진스키를 적극적으로 지원하기 시작하자 발레 뤼스를 떠나 버리고 맙니다. 포킨이 떠난 자리는 니진스키가 메웠는데 〈목신의 오후〉와 〈봄의 제전〉은 작품의 파격성과 외설 논란으로 많은 문제를 일으켰으나 시대를 앞서갔다는 평가를 받습니다.

처음 러시아 예술을 알리겠다는 목적으로 시작했던 발레 뤼스가 러시아라는 한계를 뛰어넘어 독창적이고 세계적인 발레단으로 자리매김하기 시작했다는 것도 1기 발레 뤼스가 가지는 커다란 의미 중 하나입니다.

발레 뤼스 2기는 레오니드 마신의 시대였습니다. 1차 세계대전이 발발한 시점부터 시작되는 2기는 니진스키에 이어 댜길레프의 애인이 된 마신이 전쟁 동안 발레 뤼스를 지켰던 시기입니다. 추상성이 특징인 모더니즘 계열의 작품들이 바로 이때부터 나오기 시작합니다. 모더니즘 예술가들이 본격적으로 2기 발레 뤼스에 참여했고, 〈퍼레이드〉, 〈불꽃〉, 〈환상 가게〉가 그런 작품들입니다.

러시아 출신이 중심이었던 1기와 달리 2기에는 다양한 국적의 무용수들이 대거 참여했다는 점이 두드러지는데, 이것은 러시아 혁명 때문이라기보다는 발레 뤼스가 세계적인 명성을 떨치고 있었다는 이유로 더욱 주목을 받습니다. 무용수뿐만 아니라 작곡가, 대본 작가, 무대와 의상 디자이너 등 창작팀도 이 시기에 국제적으로 변모합니다.

2기의 안무는 마신이 거의 전담해왔기 때문에 마신이 댜길레프를 떠나면서 발레 뤼스 2기도 마감됩니다.

발레 뤼스 3기는 마신이 떠난 뒤 댜길레프가 베네치아에서 사망할 때까지를 말합니다. 1기, 2기와는 달리 3기는 큰 흥행작을 만들어내지는 못했지만 전위적avant-garde 실험을 통해 발레의 지평을 넓혔다는 평가를 받습니다.

댜길레프가 사망할 때까지 이어졌던 발레 뤼스는 감히 그 누구도 그를 대신해 명맥을 이어갈 수 없었기에 댜길레프의 죽음 이후 곧바로 해체되지요. 하지만 댜길레프가 20년 동안 쏟아부었던 창조력과 에너지는 미래 세대에게 엄청난 문화유산으로 남아 있습니다.

레온 박스트가 그린 댜길레프

Anna Pavlova

안나 파블로바

1882~1931

춤을 추기 위해 지상에 내려온 백조

지금과 같은 항공 교통수단이 없었을 때, 15년 동안 50만 마일(약 80만 킬로미터)이라는 거리를 옮겨 다니며 무려 4천 회나 되는 공연을 한 발레리나가 있습니다. 그녀는 자기 생일에도 쉼 없이 무대 위에서 춤을 췄고, 자신에게 허락한 휴일은 1년에 단 하루 12월 31일뿐이었다고 합니다. 죽을 때를 제외하곤 평생 단 한 번도 공연을 취소한 적이 없다는 그녀가 혹시 질로는 안 될 것 같으니까 양으로 승부를 보려던 것이 아닐까 의심된다고요?

전혀 그렇지 않습니다. 그녀는 공연을 위해 머물렀던 네덜란드 헤이그의 한 호텔 방에서 갑자기 사망했는데, 그녀의 사망 소식을 들은 네덜란드 여왕은 이렇게 말했다고 합니다.

"춤의 여왕이 죽었다. 전 세계가 애도에 잠겼다."

여왕이 인정한 춤의 여왕,

그녀가 바로 안나 파블로바입니다.

발레의 별, 춤의 정령, 영원한 백조, 환상의 세계에서 온 사자使者, 불멸의 발레리나, 마린스키의 꽃…….

이토록 많은 수식어가 붙어 다니는 안나 파블로바는 발레를 본 적도, 발레에 관심을 가져본 적도 없는 사람들조차 한 번쯤은 이름을 들어봤다고 할 정도로 전설적인 발레리나입니다. 그녀는 마치 수학 공식처럼 '발레리나 = 안나 파블로바'라는 공식을 만들었는데, '발레' 하면 바로 연상되는 백조의 이미지로 특히 유명합니다. 그만큼 파블로바라는 이름은 세계 발레사에 가장 널리 알려져 있습니다. 이탈리아의 거장이자 파블로바의 스승이었던 엔리코 체케티는 "파블로바는 오로지 신에게서만 가르침을 받을 수 있다"라는 말을 했다고 합니다.

그러나 그녀가 아무리 유명하다 해도 춤추는 장면까지 모두가 본 것은 아닐 테니, 그녀의 춤이 어땠는지를 상상하기는 어려울 것입니다. 그런 분들을 위해 무대 위 파블로바의 모습을 조금 더 설명해 보겠습니다.

그녀의 발은 흡사 바람에 날려 떠다니는 솜털 달린 엉겅퀴처럼 도무지 무대에 닿지 않았다는 말이 전해질 정도였습니다. 그녀는 수정같이 투명한, 어떤 말로도 형용할 수 없는 섬세함과 우아함을 지녔다고도 합니다. 지상의 것 같지 않은 그 가벼움이 관객들에게는 그녀를 피와 살이 있는 실제 인간이 아닌, 추상抽象의 존재로 느끼게 했습니다.

듣자 하니 너무 맹목적이고 광적인 소개다 싶으신가요? 하지만 파블로바가 단지 무대에 등장했다는 이유만으로도 눈물을 줄줄 흘리는 관객들까지 있었다고 합니다. 그 시절 파블로바 효과가 어느 정도였는지는 짐작으로만 가늠할 뿐이지만, 그녀에 대한 평가가 조금은 환상에 가깝다는 느낌이 들기도 합니다.

어쨌든 무용사에서 안나 파블로바는 유일무이한 존재라고 인식되어 있습니다. 그녀의 춤을 직접 볼 수 있었던 당대의 비평가나 무용가들은 하나같이 그녀가 유일무이하다는 말에 선뜻 동의했습니다. 게다가 그녀가 어떤 집단에 소속되어 영향을 받았다거나, 무용단 공동의 창작물과 무관하게 자기만의 궤적을 만들었다는 점도 그러한 평가에 한몫합니다. 그녀는 댜길레프의 발레 뤼스에서 활약하면서도 발레 뤼스의 영향 아래 있지 않았고, 완전하게 다른 행보를 이어갔다는 점도 특히 눈에 띕니다.

지젤 역할의 안나 파블로바

여덟 살에 시작된 발레리나의 꿈

이렇게 엄청난 평가를 받는 그녀는 정말 하늘에서 뚝 떨어진 요정이었을까요? 안나 파블로바는 1882년 1월 31일 러시아 페테르부르크 남서쪽에 있는 리고보라는 마을에서 태어났습니다. 그녀의 생일이 1881년 2월 12일이라는 주장도 있지만 그녀의 남편 빅토르 당드레 남작이 쓴 파블로바 전기에서 1882년이라고 밝혀진 이후 1882년이 더 신빙성 있다고 봅니다.

그도 그럴 것이 그녀에게는 상당히 복잡한 출생의 비밀이 있었습니다. 그녀의 생물학적 아버지가 누구인지는 명백히 밝혀지지 않았지만 전해지는 이야기만으로도 상당히 흥미롭습니다. 파블로바의 진짜 아버지는 상당히 신분이 높은, 페테르부르크에서 이름난 은행가이자 상업 고문인 라자르 폴랴코프라는 설이 있습니다. 파블로바의 어머니 류보프 파블로바는 폴랴코프의 저택에서 가정부로 일하다가 폴랴코프의 아이를 갖게 되었다고 합니다. 가정부와의 부정한 관계가 발각되기를 원하지 않았던 폴랴코프는 임신 사실을 숨기는 조건으로 그녀의 어머니에게 거액의 돈을 제시했다고 합니다.

인간적 모멸감을 느낀 파블로바의 어머니는 곧바로 폴랴코프의 집을 떠나 리고보에 자리를 잡았고, 그곳에서 생계를 위해 세탁소를 운영하기 시작합니다. 그리고 파블로바가 태어나기 직전, 퇴역군인이었던 마트베이 파블로프를 만나 결혼합니다. 하지만 어떤 이유에서인지 그들은 서류상으로만 가족이었을 뿐, 파블로바는 평생 아버지를 만나본 적이 없다고 합니다. 파블로바는 자신을 둘러싼 출생의 비밀을 궁금해하지 않았고, 자기 입으로 언급하지도 않았으며, 누가 아버지에 관해 물으면 거짓으로 둘러댔다고 합니다. 가난과 노동으로 힘겹게 살아온 어머니를 가여워하는 마음 때문에 그랬던 것이 아닐까요?

그녀의 어머니는 대단히 신앙심이 깊고 딸을 무척 사랑했습니다. 두 모녀는 딱딱한 검은 빵과 양배추 수프만으로 끼니를 때울 정도로 극심한 가난 속에 살았지만 그런 형편에서도 파블로바의 어머니는 어린 딸에게 늘 기도하는 모습을 보여 주었다고 합니다.

그런 어머니의 모습은 파블로바가 인생을 대하는 태도에 큰 영향을 미쳤습니다. 성장기 내내 가난에 시달렸던 파블로바는 언제나 십자가 앞에서 삶의 용기를 얻었습니다. 전설적인 발레리나가 되기까지 겪어야 했던 수많은 시련 앞에서도 어머니가 물려준 신앙심은 그녀에게 커다란 힘이 되었습니다.

어린 시절 파블로바는 너무나도 병약한 아이였습니다. 약하디약한 딸을 돌보지 못할 정도로 생계에 허덕이던 그녀의 어머니는 어쩔 수 없이 딸의 양육을 시골에 있는 외할머니에게 맡깁니다. 파블로바는 외할머니 집에 와서야

안나 파블로바의 어린 시절

볼쇼이극장에서 활약했던 초기 안나 파블로바

처음으로 학교에 다닐 수 있었습니다.

파블로바의 어머니는 어려운 형편에도 명절이면 딸을 위해 특별한 시간을 마련해 주었습니다. 그녀가 여덟 살 되던 해 크리스마스에는 당시 집안 형편으로는 도저히 꿈도 꿀 수 없을 만큼 고가였던 발레 공연의 입장권을 어렵게 구해 딸에게 선물했습니다. 그 공연이 바로 마린스키극장에서 공연한 〈잠자는 숲속의 미녀〉였습니다.

그녀의 어머니는 그날 자신이 마련해준 선물이 딸의 인생에 결정적인 전환점이 될 줄 과연 상상이나 했을까요? 여덟 살 크리스마스에 만난 〈잠자는 숲속의 미녀〉는 파블로바의 가슴에 커다란 꿈을 심어 주었습니다. 자신도 언젠가는 마린스키극장에서 오로라 공주가 되어 춤을 추겠다는 꿈이었지요. 그녀는 훗날 그 순간을 이렇게 회상했습니다.

"내 평생을 인도한 이상적인 꿈을 바로 그때 발견했다는 것을 어머니는 짐작도 못 했었다."

어린 나이에 삶의 목표를 발견한 파블로바는 그때부터 발레를 하겠다며 극구 만류하는 어머니를 끈질기게 졸라댑니다. 당시 황실 발레학교에 들어가면 의식주를 해결할 수 있었기 때문에 주로 가난한 집 아이들이 입학했는데, 위대한 러시아 무용가 중 빈민가 출신이 많은 이유도 그 때문이었습니다. 그 무렵 러시아에서는 보육원에도 발레 아카데미를 설립했는데, 그 때문에 고아들이 러시아 발레 발전에 이바지했다는 말이 나올 정도였습니다.

끝내 딸의 고집을 꺾지 못한 어머니는 파블로바를 페테르부르크의 황실 발레학교에 데려갔지만, 처음에는 거절을 당합니다. 나이도 너무 어렸고 몸도 지나치게 허약해 보였기 때문입니다. 파블로바는 거기서 좌절하지 않고 2년을 더 기다린 후에 기어이 입학 허가를 받아냅니다. 이때 그녀의 합격을 허가한 사람이 바로 프티파였습니다. 역시 거장에게는 잠재력을 알아보는 눈이 있는가 봅니다.

신체적 결함을 연기로 극복한 발레 여왕 파블로바

고전 발레 시대의 발레리나들은 고난도의 기술을 소화해내야 했기 때문에 지금처럼 마른 몸이 아닌, 적당하게 풍만하고 강해 보이는 신체를 당연하게 여겼습니다. 대표적인 예가 32번의 푸에테를 최초로 성공시킨 전설의 발레리나 피에리나 레냐니입니다. 몸이 매우 작고 가벼웠던 파블로바는 자신이 레냐니처럼 강한 신체를 갖지 못한 것을 늘 걱정했습니다.

파블로바는 선이 유난히 가늘고 얇았고, 완전하게 턴아웃(발끝을 바깥으로 돌리기)을 하지 못하는 결점이 있었습니다. 가끔 발레리나들은 왜 팔자걸음으로 걷는지 궁금해하는 사람들이 있는데, 팔자걸음의 주범이 바로 이 턴아웃입니다. 완전한 턴아웃은 양 발의 선이 180도를 이루어야 합니다. 그러기 위해서는 무릎뼈와 발끝이 바깥쪽을 보도록 다리근육을 회전시켜 골반이 열린 상태가 되어야 하니 걸음걸이까지 그 자세로 굳어진 것이지요.

턴아웃은 신체의 조형미를 극대화하는 효과가 있고, 무용수가 다리를 여러 각도와 방향으로 움직이기 좋게 해주는 기본 중에서도 기본자세지만 생각처럼 쉽게 따라 할 수 있는 자세가 아닙니다. 엉덩이뼈, 꼬리뼈, 고관절, 넓적다리 등의 신체조건이 절대적으로 중요하고, 자칫 완전하지 않은 턴아웃 자세로 점프와 착지를 했다가는 충격을 제대로 흡수하지 못해 큰 부상으로 이어지기 때문입니다.

그런데 전설이라고 불리는 발레리나가 기본자세인 턴아웃을 하지 못했다니 놀랍지 않습니까? 하지만 파블로바에게도 남들에게는 없는 자신만의 신체적 장점이 있었습니다. 그녀의 가늘고 완전하게 균형 잡힌 두 팔과 길고도 미끈한 다리, 날씬한 발목, 그리고 놀랄 만큼 발달한 활모양의

턴아웃 자세

신문 기사에 실린 안나 파블로바

발등은 아라베스크 자세에서 독보적인 아름다움을 선사했습니다.

제자의 뛰어난 재능을 알아본 스승 파벨 게르트는 신체적 결함을 극복하기 위해 몸무게를 늘리려 애쓰고, 근육을 강화하려고 지나치게 연습에 매달리는 파블로바에게 더는 다른 사람의 강도 높은 기교와 겨루지 말라고 조언합니다. 게르트는 파블로바의 청초하고도 연약한 이미지가 오히려 다른 무용수들과 구별되는 강점이라고 판단한 것입니다. 그런 스승의 판단은 적중했습니다.

〈지젤〉, 〈라 바야데르〉, 〈파라오의 딸〉, 〈돈키호테〉, 〈마술피리〉 등에서 파블로바는 완벽한 발레리나로 평가받으며 화제의 주인공으로 떠오릅니다. 그녀는 기술적 기량이나 해낸 동작의 가짓수가 아닌, 우아하고 고결하며 매혹적인 모습으로 관객들을 사로잡지요. 특히 〈라 바야데르〉에서 선보인 춤은 단순히 주인공 니키아의 비극을 그리는 차원을 넘어 연약한 육체와 영혼을 지닌 인간의 보편성을 보여 주며 작품에 새로운 가치를 부여했습니다. 그녀는 주인공의 내적, 심리적 변화를 보여 주는 감정표현에 집중하는 뛰어난 연기로 발레의 여왕으로 등극합니다. 당시 저명한 발레 비평가였던 발레리안 스베틀로브는 파블로바의 공연을 본 뒤 이런 극찬을 쏟아냈습니다.

갈대처럼 가늘고 곧으며, 날렵한 몸매에 남부 스페인의 천진한 얼굴, 공기처럼 가벼워 보이는 그녀는 마치 도자기처럼 부서질 것 같았다. 나는 이 연약한 무용수에게서 미래의 위대한 예술가를 본다.

그런데 그녀가 이렇게 완벽한 경지에 오를 수 있었던 것은 타고난 자질 때문만은 아니었습니다. 어떤 천재나 마찬가지지만 파블로바의 성공 역시 무서운 노력의 결과였습니다. 그녀는 지독한 연습벌레였고, 하루도 연습을 거르는 날이 없었습니다. 파블로바는 지금도 유명한 발레용품 브랜드인 '카페지오'에서 토슈즈를 사서 신었는데 하도 연습량이 많다 보니 매일 새것으로 갈아 신어야 했다고 합니다. 연습량이 최고에 이른 날에는 하루 세 켤레까지도 갈아신었다고 하니 그녀가 얼마나 무서운 노력파였는지 짐작이 가고도 남습니다. 나중에 카페지오에서는 아예 파블로바의 발 조건에 맞춰 토 끝부분이 좁고 작은 신발을 만들어 '파블로바'라는 이름을 붙이기까지 했습니다.

죽어가는 백조, 세상에서 가장 짧은 걸작이 되다

파블로바가 발레를 대하는 자세는 마치 수도승의 태도와도 같았습니다. 심지어 '성공은 대부분 개인의 노력에 달려 있으며, 완벽의 경지에 도달한 뒤에도 발레리나는 결코 게으름에 빠지면 안 된다.'라고 말할 정도였으니까요. 파블로바는 '무용수는 마치 피아니스트가 줄곧 자신의 음계를 연습해야 하는 것처럼 마음이 완전히 편해질 때까지 연습해야 한다.'라는 말도 했습니다.

그렇게 파블로바가 발레계의 스타로 등극했을 즈음, 프티파가 휘어잡고 있던 발레계에 지각변동이 일어났습니다. 바로 미하일 포킨의 등장 때문이었죠. 경직된 프티파 방식에 반기를 든 혁신적 안무가인 포킨은 고전적인 테크닉보다 팔다리의 동작에서 나오는 풍부하고 자유로운 표현력을 중요시했습니다. 그런데 이것이 마침 파블로바 스타일과 찰떡궁합처럼 맞아 떨어졌습니다. 마린스키극장에서 만난 포킨과 파블로바는 함께 춤을 추며 둘도 없는 친구가 되었지요. 안무가로 성장한 포킨은 파블로바를 위해 그 유명한 〈빈사의 백조〉를

파블로바의 토슈즈

안무합니다.

죽어가는 백조라는 뜻의 〈빈사의 백조〉는 파블로바를 이야기할 때 절대 빼놓을 수 없고, 발레사에서도 걸작 중 걸작으로 평가받는 작품입니다. 그 당시로서는 그만큼 파격적인 작품이었습니다.

스토리는 아주 간단합니다. '죽음에 이른 백조가 마지막 몸부림을 치다가 결국 쓸쓸하게 죽는다.'였으니까요. 더 놀라운 건 이 스토리를 표현하는 데 사용된 동작이 고작 모이를 쪼는 새처럼 가볍게 미끄러지듯 움직이는 '부레 Bourrée'라고 불리는 스텝 하나뿐이었다는 것입니다. 등장인물은 더 간단합니다. '죽어가는 백조'가 전부였거든요. 게다가 공연 시간도 단 2분 남짓. 그래서 〈빈사의 백조〉는 세상에서 가장 짧은 걸작이라고 불립니다.

그렇다면 고작 2분짜리 작품이 왜 그토록 유명해진 걸까요? 그리고 이 작품은 어쩌다가 발레리나들의 꿈이 되었을까요?

〈빈사의 백조〉는 카미유 생상스가 작곡한 14개 악장으로 이루어진 관현악 모음곡 〈동물의 사육제〉 중 13번째 음악 '백조'를 활용한 작품입니다. '백조'는 다른 곡들과 달리 첼로와 두 대의 피아노로만 연주하는 선율이 아주 우아하고 아름다운 곡으로, 죽어가는 백조를 표현하기에 안성맞춤이었습니다.

파블로바는 호수 위를 미끄러지듯 지나가는 백조의 움직임과 죽음의 포로가 되어 더는 날 수 없는 깊은 절망감을 발동작인 부레Bourrée와 팔로 표현하는 날갯짓 폴 드 브라port de bras만으로 완벽하게 표현했습니다. 애절함을 이보다 더 잘 표현할 수 있을까요?

유튜브에서도 쉽게 찾아볼 수 있는 파블로바의 2분짜리 걸작 〈빈사의 백조〉를 감상하고 나면 어렵고 이해하기 힘든 발레를 왜 굳이 봐야 하느냐는 말이 쏙 들어갑니다. 그녀가 연기하는 우아하고 애달픈 백조의 마지막 날갯짓은 지치고 힘든 우리들의 마음을 위로하기에 충분합니다. 생명에 대한 경외감을 느끼게 하는 한편, 죽음의 비애감도 몰려오지요. 게다가 생상스의 처연한 첼로 음악이 곁들여져 이런 감정을 더욱 증폭시킵니다. 이로써 무대 위

파블로바는 사람이 아닌 한 마리 백조 그 자체가 되지요.

삶과 죽음이 종이 한 장 차이일 뿐인데 복잡하고 다양한 것들이 다 무슨 소용이겠습니까? 오직 파블로바의 표현력만으로도 충분했지요.

무용 평론가 아놀드 하스켈은 "〈빈사의 백조〉에는 파블로바의 예술이 지닌 모든 면모가 송두리째 요약되어 있다. 흡사 비상을 위해 고투하는 듯 뻗치는 날갯짓, 최후의 전율, 전신을 꿰뚫는 떨림 뒤에 진정한 죽음을 의미하는 휴식 말이다"라고 말했습니다.

원래 생상스의 '백조'는 백조의 평소 움직임처럼 처음부터 끝까지 물 흐르듯 이어지는 관현악곡이었다고 합니다. 전해지는 이야기에 따르면 이 곡으로 안무를 맞춰 보던 파블로바가 쉼표

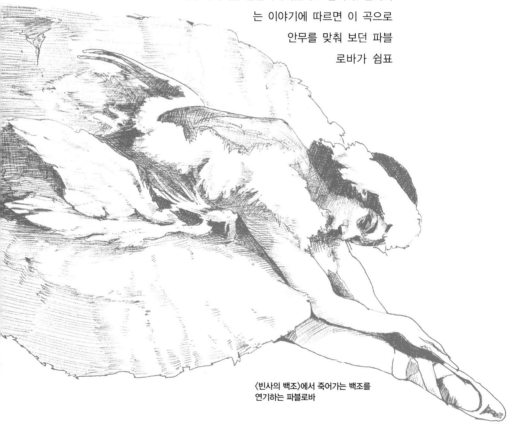

〈빈사의 백조〉에서 죽어가는 백조를
연기하는 파블로바

가 전혀 없는 악보에 불만을 표하며, 마지막 순간까지 살려고 몸부림치는 백조의 격정적인 감정이 없다는 점을 지적했고, 백조가 쓰러져서 허우적거리는 순간에는 숨이 끊어질 듯한 쉼표가 들어가야 한다는 의견을 제시했다고 합니다. 현장에서 파블로바가 추는 춤을 직접 본 생상스는 두말없이 곧장 악보를 고쳐 주었다고 합니다. 이쯤 되면 그녀가 정말로 백조와 물아일체가 되어 죽어 가는 감정을 읽어 냈던 것 같습니다.

블록버스터급의 화려한 무대장치, 주역을 빛내기 위한 군무진의 병풍 효과, 화려한 눈요깃거리를 위한 디베르티스망을 발레의 필수 요소라고 여겨 왔던 러시아 고전 발레 시대에 〈빈사의 백조〉는 단 한 명의 무용수가 보여 주는 기본적인 스텝과 독창성만으로도 얼마든지 작품을 표현할 수 있다는 것을 증명했습니다. '단순한 세련미'라는 독창적인 형식이 탄생한 것이지요. 포킨이 발표했던 '발레 혁신을 위한 5대 원칙'에 완벽하게 부합하는 작품인 셈입니다.

〈빈사의 백조〉는 언뜻 봐서는 발레의 단순한 기초 동작 정도로만 보이지만, 실제로는 절정을 표현하는 테크닉은 물론이고 내면의 원숙함이 겸비되지 않으면 제대로 표현할 수 없는 고난도의 작품입니다. 그 때문에 최고의 발레리나들이 은퇴할 때 마지막 공연으로 〈빈사의 백조〉를 무대에 올리곤 합니다. 발레리나로서 무대 위에서의 삶을 마감하는 순간을 죽어가는 백조의 모습으로 표현하고 싶은 것이겠지요. 어찌 보면 무대에서 살다가 무대에서 인생 1막을 마감하는 발레리나의 인생은 〈빈사의 백조〉와 너무도 닮았습니다.

이제 여러분은 우리가 흔하게 알고 있는 차이콥스키의 〈백조의 호수〉와 생상스의 〈빈사의 백조〉가 완전히 다른 작품이라는 것을 알게 되었을 것입니다. 붕어빵 파는 가게에 가서 붕어를 찾으면 안 되는 것처럼 여러분도 〈백조의 호수〉에서 〈빈사의 백조〉를 찾으면 안 된다는 것을 말입니다.

안나 파블로바는 이전에도 그랬지만 〈빈사의 백조〉 이후에는 아예 자신의 인생 자체를 발레에 헌신합니다. 자신만의 뚜렷한 발레 철학을 가지고 춤에서 인간의 정신을 추구했으며, 감정 표현이 중심이 되어야 한다고 여겼다는 점에서 그녀의 발레 철학은 포킨의 그것과 매우 흡사했습니다. 반면, 동시대에 함께 활동했던 댜길레프의 방식에는 전혀 찬성하지 않았습니다. 댜길레프의 발레에서는 무용수의 개성이 작품 속에서 사라져 버리기 때문이었습니다. 그녀는 댜길레프가 발레, 음악, 미술 모두를 동등하게 인정하는 것을 받아들이지 못했습니다. 그녀에게는 발레가 늘 최우선이었으니까요.

전 세계를 돌며 발레 예술의 진짜 매력을 알리다

발레 뤼스 1기 시절 파블로바는 한동안 댜길레프와 함께 활동했지만, 곧 결별합니다. 두 사람은 그 뒤에도 결코 다시 합치지 못했고, 예술적으로는 줄곧 평행선을 걷습니다.

두 사람의 방향성이 얼마나 달랐는지는 많은 부분에서 증명됩니다. 댜길레프의 발레는 여러 분야의 우수한 예술가들이 긴밀한 제휴를 통해 이루어 내는 일종의 최상품이었습니다. 그는 독창적인 기획력으로 각 분야의 인재들이 최선을 다하도록 독려했습니다. 그런 노력으로 그는 발레를 중요한 종합 예술의 반열에 올려 놓았습니다. 반면에 파블로바의 발레는 오로지 무용수의 예술성으로 만들어지는 한 편의 드라마였습니다. 그녀는 직접 대중들에게 다가가 발레 예술의 진짜 매력을 전파했습니다.

그렇다 보니 댜길레프의 팬과 파블로바의 팬은 성격이 완전히 달랐는데요. 댜길레프의 관객들은 발레를 보기 위해, 파블로바의 관객들은 파블로바를 보기 위해 공연장을 찾았습니다. 그러니까 파블로바는 한마디로 존재만으로도 관객들에게 사랑받는 발레리나였던 것입니다.

두 사람의 노선은 달라도 너무 달랐습니다. 파블로바는 댜길레프가 발레를 대하는 자세를 거의 횡포에 가깝다고 생각했습니다. 댜길레프가 발레 뤼스의 무용수들을 소모품처럼 대했던 일화나, 애인을 수석무용수 자리에 앉

안나 파블로바, 1912

혔던 것을 생각해 보면 파블로바의 생각이 지나친 것만은 아닌 것 같습니다.

파블로바는 주변 사람들에게 툭하면 "당신은 내 편인 가요 아니면 댜길레프 편인가요?"라고 물었다고 합니다. 그녀는 발레 뤼스를 떠난 뒤 자신의 자리를 꿰차 스타가 된 발레리나 카르사비나와 댜길레프와의 염문으로 명성을 얻은 발레리노 니진스키를 아주 못마땅하게 여겼습니다. 베를린에서 공연했을 당시 카르사비나가 춤을 추는 동안 극장을 박차고 나가 버린 일화는 아주 유명합니다.

러시아 파블로바
기념주화

1913년 조국 러시아를 완전히 떠난 파블로바는 마린스키극장도 발레 뤼스도 자신이 추구하는 목적과 다르다는 것을 깨닫고 남편 당드레 남작과 함께 '파블로바 컴퍼니'를 구성합니다. 이때부터 평생 전 세계를 돌며 발레를 전파하는 그녀의 진짜 발레 인생이 시작됩니다.

오늘날 대중화된 발레는 사실상 파블로바가 노력한 결과이기도 합니다. 그녀는 전례 없이 한평생 세계 구석구석을 돌아다니며 발레를 전파했습니다. 보통의 무용수들이 대극장이 있는 인기 지역이나 문화적으로 부흥했던 국가들을 따라 이동했던 것과 달리 그녀는 때와 장소를 전혀 가리지 않았습니다.

유럽은 당연했고, 그 당시 발레문화가 생소했던 미국 전역을 순회했을 뿐만 아니라 아르헨티나, 아프리카, 인도, 페루, 아시아까지 다니며 공연을 했는데, 지금으로 치면 문화 외교 대사의 역할을 20여 년간 홀로 수행한 것이나 다름없습니다.

가녀린 거인, 소녀들의 꿈이 되다

발레를 대하는 파블로바의 진심은 50만 마일 4천 회라는 공연 기록으로 분명하게 증명됩니다. 미국에서는 채 9개월도 안 되는 동안 77개의 도시에서 238회가 넘는 공연을 했다고 합니다. 당연히 거의 매일 밤무대 위에 섰고, 때로는 주 8회가 넘는 공연도 감내했다고 하니 살인적이다 못해 초인적인 일정이 아닐 수 없습니다. 그녀는 평생토록 단 한 번도 몸 상태나 부득이한 개인 사정 때문에 공연을 취소한 적이 없었고, 어떤 악조건에서도 춤을 추었습니다. 1차 세계대전(1914~1918)이 터진 극한의 혼란 속에서도 그녀는 절대 춤을 멈추지 않았습니다.

한 번은 공연을 위해 미국 미시시피주의 작은 극장을 찾았는데 막상 가서 보니 그곳은 극장이 아니라 차고였다고 합니다. 무대조차 없었고, 지하 분장실에서는 쥐까지 나왔지만 파블로바는 예정대로 공연을 진행했다고 합니다. 또 다른 일화도 있습니다. 폭우가 쏟아지는 바람에 천장에 뚫린 구멍으로 비가 새어 들어와 무대와 의상이 온통 젖어 버린 적이 있는데, 그녀는 물이 고인 무대를 바라보며 이렇게 말했다고 합니다.

"조명 같은 건 없어도 되겠어. 번개가 무대를 비춰 주니까."

파블로바는 전 세계 사람들에게 자신의 춤을 보여주고 기쁨을 선사하겠다는 뚜렷한 목표를 세웠고, 한 번도 흔들리지 않았습니다. 그만큼 발레에 대한 사명감은 종교에 가까웠고, 그랬기에 기꺼이 자신의 인생을 발레에 바칠 수 있었을 것입니다.

실제로는 굉장히 소박하고 단순하게 살았던 파블로바는 "무용가란 직업은 경박한 생활방식과 전혀 양립할 수 없다. 만약 무용가가 유혹에 굴복해서 스스로 자신을 엄격하게 규제하기를 멈춘다면 계속 춤을 추는 것은 불가능하다."라고 말했습니다.

과장과 겉치레를 싫어했던 그녀는 무대에 설 때가 아니면 화장도 하지 않았습니다. 쉬는 시간에는 감자튀김이나 아이스크림 같은 소박한 음식을 먹었고, 유원지의 놀이기구를 구경하거나 백조가 있는 자신의 저택 호숫가 산책을 즐겼다고 합니다.

대중들은 '가녀린 거인' 파블로바에게 당연히 열광할 수밖에 없었습니다.

그녀의 인기가 절정에 달했을 때 스웨덴에서 있었던 일입니다. 파블로바가 입국하자 수천 명이 호텔로 이동하는 그녀의 뒤를 따랐는데, 그녀가 호텔에 도착한 뒤에도 인파는 발레리나의 휴식을 방해하지 않으려고 조용히 객실 창문 밖에서 기다렸다고 합니다. 이 모습을 본 파블로바가 창밖으로 꽃을 던져 화답했고 이에 군중들이 일제히 국가를 불러 그녀에게 경의를 표했다고 합니다. 그들에게 파블로바는 잠시나마 일상의 슬픔을 잊게 해 주는 행복의 메신저였습니다.

발레 불모지에서 그녀의 춤을 보고 발레리나를 꿈꾸는 소녀들이 수도 없이 생겨났습니다. 언론은 끊임없이 그녀의 뒤를 밟았고 파블로바의 헤어스타일과 의상은 유행을 이끌었습니다. 호주와 뉴질랜드 투어를 갔을 때는 그녀의 공연을 기념하기 위해 머랭에 과일을 올린 케이크에 '파블로바'라는 이름을 붙여 헌정했으며, 파블로바 향수가 제작되기도 했습니다. 심지어 네덜란드에서는 가장자리가 빨간 하얀색 신종 튤립이 탄생했을 때 그 이름을 파블로바라고 지었다고 합니다.

파블로바를 존경하는 마음으로 한 주방장이 그녀의 이름을 따서 만들었다는 케이크. 지금은 호주와 뉴질랜드의 국민 디저트가 되었다.

봉사와 헌신의 삶, 안타까운 결말

사람들이 그토록 파블로바를 좋아하는 또 다른 이유가 있습니다. 그녀가 조국 러시아의 마린스키 발레단을 그만두고 남편 당드레 남작과 함께 영국 햄스테드에 정착한 해가 1913년이었는데, 이듬해인 1914년에 사라예보 사건이 일어났습니다. 오스트리아·헝가리 제국의 왕세자가 사라예보에서 러시아계의 세르비아 청년에게 암살당한 이 사건을 계기로 제1차 세계대전이 터졌고, 유럽 대륙은 4년 동안 대규모 전쟁에 빠져들었습니다. 그 당시 유럽에서는 여러 제국이 군사적, 정치적으로 연합을 이루고 있었기 때문에 하나의 작은 사건으로도 유럽 전체에 큰 영향을 미칠 수 있었습니다. 사라예보 사건은 전쟁의 시작을 알리는 방아쇠가 되었고 오스트리아와 세르비아를 지지하는 나라들은 각각 두 진영으로 나뉘었습니다.

오스트리아는 이 사건을 핑계 삼아 세르비아에 전쟁을 선포했고, 독일은 러시아와 프랑스를 향해 선전포고했으며, 영국도 뒤따라 독일을 향해 전쟁을 선언합니다. 상황이 이렇게 되자 오스만제국이 참전을 선포했고, 이듬해인 1915년에는 이탈리아와 불가리아에 이어 루마니아까지 참전하게 됩니다. 유럽은 그야말로 아수라장이 되었고, 4년 동안 이어진 전쟁은 누가 승리했는지와 상관없이 끔찍한 비극을 낳았습니다.

산업혁명을 거치며 진보한 인류의 기술은 사람을 살상하는 무기를 만들었고 각종 독가스도 이때 등장했습니다. 가스를 흡입하면 피부 안팎에서 살이 썩어들어가고 얼굴이 녹아내렸습니다. 지금은 미용이 주된 목적인 성형수술이 실제로는 1차 세계대전 때 망가진 군인들의 얼굴을 복구하느라 발달한 기술이었다는 것을 알고 계셨나요?

짧게 끝날 줄 알았던 전쟁이 길어지면서 가족을 떠나보낸 유럽인들은 뒤늦게 전쟁의 참상을 깨닫고 절망에 빠집니다. 파블로바는 그런 이들을 위로해 주고 싶었습니다.

이 시기에 왕성하게 활동했던 파블로바는 다양한 봉사와 헌신으로 사람들을 도왔습니다. 러시아에서 온 전쟁고아 30명을 돌보기 위해 파리에 집을 지었고, 전쟁 후에 닥친 기근으로 많은 러시아인이 굶주릴 때는 고국에 구호 물품을 보내기도 했습니다. 마린스키극장과 볼쇼이극장의 무용수들이 그녀가 보낸 구호 물품을 받기 위해 줄을 섰다고 합니다. 파블로바는 연민과 사랑으로 가득 찬 사람이었습니다.

그녀는 자선활동을 이어가기 위해 주 8~9회의 공연을 감수했고, 그녀의 남편은 아내가 도우려는 가난하고 불행한 사람들의 명단을 작성하느라 애를 먹었다고 합니다. 당드레 남작은 불경기에는 공연비도 받지 않는 아내를 뒷바라지하느라 공금에 손을 댔다가 문제가 되기도 했습니다. 결혼 전부터 발레를 위해 아이를 갖지 않겠다는 파블로바의 요청을 들어 줄 만큼 그는 평생 파블로바의 든든한 후원자였습니다.

그런데 1931년 1월 17일 네덜란드 헤이그로 공연을 떠난 파블로바는 기차 안에서 선반에 있던 트렁크가 떨어져 가슴막을 다치는 사고를 당합니다. 갈비뼈를 절단해야 할지도 모르는 상황에서 엎친 데 덮친 격으로 폐렴까지 걸렸는데도 그녀는 춤을 추지 말라는 의사의 권고를 거절한 채 일정을 강행합니다.

1월 22일 밤. 침대에 누운 그녀는 〈빈사의 백조〉에서 입었던 백조 의상을 가져다 달라고 부탁합니다. 그녀는 가슴에 피처럼 붉은 루비가 박힌 백조 의상을 꼭 끌어안은 채 팔로 날갯짓하는 동작을 해 보고는 병이 모두 나았으니 내일부터 무대연습을 할 수 있다는 말을 전해 달라고 부탁합니다.

그러나 한 시간 뒤, 그녀의 팔이 침대 아래로 툭 떨어집니다. 그녀의 나이 마흔아홉. 생일이 얼마 남지 않은 1931년 1월 23일, 화려하고 아름다웠던 안나 파블로바의 생은 그렇게 마감됩니다.

이틀 뒤, 런던에서는 공연 하나가 열립니다. 오케스트라가 연주하는 생상스의 〈백조〉음악이 울려 퍼지며 동시에 막이 올라갔지만 무대에는 아무도 등장하지 않았습니다. 텅 빈 무대에서 한 가닥의 스포트라이트만이 마치 춤을 추듯 이리저리 무대를 비출 뿐이었습니다. 한 사람의 발레리나에게 바치는 이보다 더 감동적인 무대가 또 있을까요? 안나 파블로바가 없는 〈빈사의 백조〉가 끝나자 모든 관객이 일어나 침묵의 박수를 보냈다고 합니다. 그렇게 지상에서 춤을 추던 환상의 백조는 하늘로 떠났습니다.

뒷모습만큼 정직한 게 있을까요? 발레리나의 등은 작고 섬세한 근육으로 다져진, 말 그대로 발레리나의 표정이나 다름없습니다. 무심히 서 있는 듯한 백조의 등은 파블로바의 고통과 인내의 결과였습니다. 많은 이야기를 담고 있는 그녀의 등이 정말 아름답습니다.

Vaslav
Nijinsky

바츨라프 니진스키

1889~1950

한 손엔 불행을, 다른 한 손엔 재능을

'불행'이라는 단어를 사용하지 않고선 설명할 수 없는 사람이 있습니다. 바로 바츨라프 니진스키입니다. 그는 스스로 자신을 이렇게 말했습니다.

"나는 그리스도보다 더 고통받았다."

사람들은 신이 그를 너무 사랑해서 그에게 신의 재능을 주었다고 말했습니다. 하지만 신은 그의 한 손에는 재능을 주고 다른 한 손에는 불행을 쥐여 주었지요. 니진스키는 오늘날 불행한 천재의 전형으로 많은 이들의 입에 오르내립니다.

발레 역사상 수많은 별이 있었지만 전설처럼 이야깃거리가 되는 발레리노는 니진스키뿐일 것입니다. 그에게는 왕이나 왕자도 아니고 무려 무용의 '신'이라는 수식어가 자연스럽게 따라다닙니다.

신은 그에게 대체 얼마나 대단한 재능을 몰아주었던 걸까요?

사실 발레 역사에서 무용의 신이라는 수식어가 붙은 인물이 없었던 것은 아닙니다. 프랑스에서 발레가 화려하게 피어오르던 18세기, 가에탕 베스트리스도 무용의 신으로 불렸습니다. 하지만 니진스키의 등장 이후 자연스럽게 니진스키에게만 허용되는 수식어가 되었지요.

물론 그의 뛰어난 무용 실력 때문이기도 하지만, 한 편의 드라마나 다름없는 그의 인생사와 시대적 배경 역시 그를 신격화하는 데 한몫합니다. 영화, 연극, 드라마, 다큐멘터리, 뮤지컬, 발레, 소설, 미술, 시, 노래 등 거의 모든 예술 분야에 걸쳐 니진스키를 주인공으로 한 작품은 수십 편이 넘습니다. 그만큼 그의 인생이 예술에 미치는 존재감은 강력합니다. 한마디로 니진스키는 세계 발레사에서 신화와 같은 존재였습니다.

하지만 그의 60년 인생에서 춤을 춘 시간은 10년이 채 되지 않았고, 안무한 작품은 고작 4편뿐이었습니다. 그런데도 그를 무용의 신으로 일컫는 것에 반론을 제기하는 사람은 없습니다.

대체 우리는 왜 그에게 이토록 매혹을 느끼는 걸까요? 그는 어쩌다 예술가들의 전설로 남았을까요?

슬픈 유년을 건너 무용의 신이 된 남자

니진스키의 생애를 훑어보면 태어나는 순간부터 마치 저주를 받은 것처럼 비극적이라는 것을 알 수 있습니다. 아니, 태어나기 전부터 이미 숙명 같은 비극이 시작되었습니다. 니진스키가 태어나기 직전, 그의 어머니가 묵던 어느 여관으로 산적들이 들이닥칩니다. 이때 심하게 놀란 그의 어머니는 심리적 충격을 받아 사흘 동안 말 한마디도 못 했다고 합니다. 이 일화는 마치 새

드 엔딩으로 끝나는 영화의 예고편처럼 너무나도 불길합니다.

　이 사건 이후인 1889년, 바츨라프 니진스키는 지금의 우크라이나인 러시아 키이우에서 삼 남매 중 둘째로 태어났습니다. 니진스키의 아버지와 어머니는 폴란드 출신으로 둘 다 상당히 재능 있는 무용수였는데, 특히 아버지가 유명했다고 합니다. 하지만 아버지는 순수한 러시아 혈통이 아니었기 때문에 무용가로 대성하는 데 크고 작은 제약이 있었습니다. 당시 시대적 배경으

〈목신의 오후〉에서 판 역할로 나온 니진스키를 그린 카툰, 1912

부츠를 신고 튜닉을 입은 바츨라프 니진스키

로 보면, 폴란드인은 러시아 제국 안에서 별로 혜택을 누리지 못하는 국민이었기 때문입니다.

아버지인 토마스는 광대뼈가 올라가고 눈꼬리가 비스듬히 치켜 올라가서 마치 몽골이나 타타르인을 연상시키는 생김새였습니다. 재능이 빼어났음에도 국적이나 출신학교, 생김새 같은 이유로 그는 러시아 발레계에서 좋은 대우를 받지 못했습니다. 불공평한 대우에 화가 난 아버지는 애먼 가족들에게 화풀이를 했던 것으로 보입니다. 바람을 피우기 일쑤였고 처자식들의 생계조차 제대로 돌보지 않았습니다.

최고의 무대에 서지 못했던 니진스키의 아버지는 결국 아내와 아이들을 데리고 자체적으로 무용단을 조직해 순회공연을 시작합니다. 니진스키는 이때부터 부모와 함께 이곳저곳을 떠돌며 무용을 배웠지요. 그러던 어느 날, 니진스키의 형이 4층에서 떨어져 뇌진탕을 입는 사고가 일어납니다. 이 사고로 그의 형은 평생 정신질환을 안고 살아야 했습니다. 큰아들에게 문제가 생기자 그의 아버지는 무책임하게도 가정을 버리고 완전히 떠나 버립니다. 어떻게 이런 아버지가 다 있을까요?

태생적으로 몹시 섬세하고 예민했던 니진스키는 어머니에 대한 애착이 유난히 강했습니다. 그런 그는 세 아이의 생계와 양육을 혼자 떠안은 어머니를 보며 인생의 비참함을 느낍니다. 어린 시절, 그의 가족들은 몇 번이나 아사 직전까지 갔을 정도로 형편이 어려웠는데, 무용수였던 그의 어머니는 굶어 죽지 않으려고 서커스단에까지 나갔다가 조롱을 당하기도 했습니다. 그런 일은 니진스키에게 큰 슬픔을 안겨 주었습니다. 훗날 그는 그때의 감정을 일기에 생생하게 적었습니다.

나는 어린아이일 때 이미 모든 것을 이해했다. 그리고 내 영혼 깊숙한 곳에서부터 슬픔이 복받쳤다. 우리 어머니 역시 울고 있었다.

가난과 빚으로 고통받는 어머니를 그냥 보고만 있을 수 없었던 니진스키는 친구와 친구의 아버지, 그리고 잘 알지도 못하는 극장 지배인들을 찾아다니며 돈을 빌려 보지만, 워낙 내성적이었던 탓에 돈을 꾸기는커녕 비웃음거리만 되고 맙니다. 그는 깊은 슬픔을 느낍니다.

천재를 따라다니던 죽음의 그림자

10살 무렵이었던 1900년 니진스키는 페테르부르크의 황실발레학교에 입학합니다. 러시아에서 가난한 아이가 사회적으로 성공하는 방법은 예술학교에 입학해 예술가로 성공하는 길밖에 없었습니다. 니진스키와 그의 여동생 니진스카가 숙식과 교육을 도맡아 주는 황실발레학교에 입학한 뒤에야 그의 어머니는 비로소 양육의 고통에서 벗어날 수 있었습니다.

황실발레학교에 입학한 니진스키는 곧바로 천재성을 인정받습니다. 그는 12살 때 이미 신동이라고 소문이 나 그 당시 춤의 신으로 불렸던 가에탕 베스트리스와 비견되며 '북北의 베스트리스'라고 불리기까지 했습니다. 니진스키는 163센티미터밖에 안 되는 작은 키와 무용수로는 어울리지 않게 다리가 짧고 굵었지만, 원래부터 엄청나게 발달한 다리근육이 있었습니다. 그런 그가 무용학교를 졸업하기도 전에 마린스키발레단에서 춤을 추기 시작했다는 사실은 놀라운 일도 아니지요.

그렇지만 그의 학창시절이 마냥 행복했던 것은 아닙니다. 늘 친구들의 질투와 음모에 시달렸으며 잘 어울리지 못하고 소외당했습니다. 말수가 적고 자신을 표현하는 데 서툴렀는데 유머 감각조차 없어서 늘 놀림감이 되기 일쑤였습니다.

한번은 니진스키를 골탕 먹이기 위해 뛰어내리기 대결을 제안한 친구들이 그 대결을 받아들이고 뛰어내리는 니진스키를 일부러 다치게 하는 일도 있었습니다. 이때 니진스키는 목숨이 위태로울 만큼 큰 상처를 입어 병원에 입원합니다. 훗날 그는 이때 유체이탈을 경험했다고 고백합니다.

열다섯 살 때 나는 병원에서 거의 죽어가고 있었다.
나는 뛰어내리다 떨어졌다. 사람들이 나를 병원으로 데려갔는데
거기서 나는 내 눈으로 직접 죽음을 보았다.
입에 거품을 물고 있는 환자였다.

　　죽음에 관한 이야기는 여기서 끝나지 않습니다. 1905년 1월 9일 일요일, 니진스키가 머물던 페테르부르크에선 노동자와 노동자 가족 15만 명이 모여 차르에게 청원서를 전하기 위해 겨울 궁전을 향해 평화행진을 합니다. 굶주림과 고된 노동, 비인간적인 모욕을 참아 내던 러시아 노동자들은 차르에게 최소한의 생존권을 보장해 달라고 간절히 요구하며 걷고 또 걸었습니다.

　　무능과 부패의 극치였던 차르는 불쌍한 군중을 달래지 못한 채 무력으로 대응했습니다. 총성이 광장을 뒤덮었고 새하얀 눈으로 덮여 있던 바닥은 붉은 피로 물들었습니다. 기마대는 무기도 없는 노동자와 시민들을 뒤쫓으며 무자비하게 총칼을 휘둘렀습니다. 1월 9일 하루 동안 페테르부르크에서만 천여 명이 죽었고, 3천여 명이 다쳤습니다. 이것이 '피의 일요일' 사건입니다.

　　페테르부르크 황실발레학교에 재학 중이던 니진스키는 이 사건을 두 눈으로 직접 목격합니다. 그는 군중 속에서 실종된 친구의 여동생을 찾기 위해 칼에 찔리고 도끼에 머리가 깨진 시체들을 더듬고 다녔지만 결국 찾지 못합니다.

　　그는 1차 세계대전 내내 공포에 시달렸고, 러시아 혁명 때는 정신병원이 폭격을 맞아 입원 중이었던 형이 사망합니다. 몇 명 되지도 않는 친구 중 한 명은 결투 중에 죽었고, 또 다른 친구는 남편에게 살해되었으며, 다른 한 사람은 자살했습니다. 죽음의 불행은 이렇듯 그를 그림자처럼 따라다닙니다. 연달아 이런 일들을 겪으며 성격이 예민하고 평화주의자였던 니진스키는 늘 심리적인 고통에 시달립니다.

인간 새 니진스키

니진스키의 인생은 1907년 황실발레학교를 졸업하고 본격적으로 마린스키극장에 입단하면서 새로운 국면에 접어듭니다. 그는 불우한 환경을 잊으려고 미친 듯이 춤을 추었는데, 부모에게 물려받은 유전적 자질, 황실발레학교에서 받았던 엘리트 교육, 끊임없이 매진해 온 훈련의 결과 등이 합쳐지면서 발레 역사상 가장 특이하고 불가사의한 천재로 거듭납니다.

대중과 비평가들은 곧바로 그에게 열광합니다. 그의 춤을 직접 본 사람들은 마치 그에게는 중력의 법칙이 존재하지 않는 것 같다고 느꼈습니다. 그가 공중으로 날아오르는 방법은 너무나 불가사의해서 언어로는 도저히 설명할 수 없었지요. 그는 자기가 원하는 만큼 꼼짝 않고 공중에 머물러 있다가 내려오고 싶을 때 땅으로 돌아왔습니다. 그는 전혀 힘들어하지 않고 공중을 넘나들었는데, 그 모습을 보고 있는 관객들은 마치 집단 최면에 걸린 사람들 같았다고 합니다. 이를 두고 사람들은 '세계 8번째 불가사의'라고 말했습니다.

찰리 채플린의 영화 〈서니사이드sunnyside〉의 포스터

누가 니진스키에게 점프해서 공중에 머무는 동작이 힘들지 않은지 물어본 적이 있는데, 니진스키는 매우 친절한 말투로 이렇게 대답했다고 합니다.

"아닙니다. 어렵지 않습니다. 당신도 그냥 높이 뛰어올라 잠깐 멈추면 됩니다."

니진스키는 온갖 다양한 동작을 너무 쉽게 해냈기 때문에 관객들은 그가 어려워하는 동작이 아예 없는 것 같다고 느꼈습니다. 그의 춤은 너무 단순해 보여서 누구나 따라 할 수 있다고 착각할 정도였지요.

유명한 영국 배우인 찰리 채플린은 자전적 기록인 《나의 자서전》에서 니진스키의 공연을 본 소감을 이렇게 적었습니다.

당시 나는 발레 뤼스의 공연은 물론이고 다른 발레도 본 적이 없었다. 하지만 나는 주간 발레 공연에 초청받았다. 첫 번째 공연은 〈세헤라자데〉였다. 나는 그 작품이 그다지 마음에 들지 않았다. 그런데 그다음이 니진스키가 등장하는 파드되였다. 그가 무대에 등장한 순간, 나는 감전된 것처럼 흥분했다. 나는 지금까지 천재를 몇 명 보지 못했는데 니진스키가 바로 그런 사람이었다. 최면에 걸린 것 같았다. 그는 마치 신처럼 보였고 그의 주위에는 다른 세상이 감돌았다. 그가 취하는 모든 동작이 시였고, 모든 도약이 기이한 환상을 향한 비상이었다.

기이한 현상에 가까운 그의 공중 도약 때문에 많은 전문가는 니진스키의 신체적 구조에 특별한 비밀이 있을 것으로 추측했습니다. 그리고 훗날 그의 신체 구조가 정말로 남달랐다는 것이 의학적으로 밝혀집니다. 니진스키가 미국 순회공연 중 과로로 넘어졌을 때 X-레이를 찍었는데, 그때 주치의였던 아베 박사는 X-레이 결과를 보고 니진스키의 아내 로몰라에게 이렇게 말했습니다.

"이것은 그의 수련과 끊임없는 연습의 결과이기도 하지만, 선조들의 유전에서 온 것이기도 합니다. 이것이 바로 그의 놀라운 도약력의 비밀이지요. 그가 날아다닐 수 있다는 건 조금도 이상할 게 없어요. 그는 인간 새이니까요."

그러니까 니진스키의 발은 인간과 새를 혼합한 해부학적 구조를 가졌다는 말입니다. 그의 신체적 특징은 말 그대로 신이 준 선물이었습니다.

신이 내린 어릿광대, 모던 발레의 문을 열다

니진스키는 1907년부터 1911년까지 마린스키극장에서 열리는 모든 공연에서 주연을 맡았습니다. 〈세헤라자데〉에서는 황금 노예가 됐다가 〈페트루시카〉에서는 인형이 되고, 〈지젤〉에서는 신분 높은 공작이 되었지요. 〈장미의 정령〉에서는 공중부양하듯 무대 위를 날아다녔고, 〈사육제〉에서는 고무공처럼 튀어 올랐습니다.

니진스키는 자유자재로 되고 싶은 것이 되었습니다. 그는 자기 스타일로 춤을 해석하거나 자신만의 색채를 가진 무용수가 아니었습니다. 니진스키는 스펀지처럼 맡은 배역을 흡수했고, 철저하게 배역을 위한 도구로 자신의 몸을 썼습니다. 그의 육체와 얼굴은 그저 그가 연기하는 다양한 배역을 위한 껍데기였다고밖에 설명할 수 없습니다. 그는 신이 내린 어릿광대였습니다.

그 시절에는 유명 무용수에게 돈 많은 후원자가 있는 일이 흔했는데 마린스키발레단의 스타가 된 니진스키 역시 자신의 가치를 알아보고 후원해 줄 사람이 필요했습니다. 그때 마침 니진스키는 류보프 왕자의 눈에 뜨입니다.

춤은 잘 추었지만 그때까지 촌티를 벗지 못했던 니진스키는 류보프 왕자를 만나 처음으로 상류사회를 경험합니다. 류보프 왕자는 니진스키에게 자신감을 북돋아 주었고 그를 세련된 남자로 만들어 줍니다. 니진스키는 동성애자였던 류보프 왕자의 후원을 받으며 그의 애인이 됩니다. 신분과 형편으로 봤을 때 왕자의 유혹을 뿌리치기가 쉽지 않았겠지요. 니진스키는 그렇게 새로운 세계에 발을 들여놓게 됩니다.

그들의 관계는 채 1년도 가지 못했지만 류보프 왕자는 니진스키의 인생에서 굉장히 중요한 역할을 했습니다. 니진스키를 그 유명한 댜길레프에게 소개해 주었기 때문이지요. 아시다시피 댜길레프는 발레 역사를 새로 쓴 세기의 흥행사였습니다. 동성애자였던 댜길레프는 니진스키의 천재성을 한눈에 알아보았고 애인으로서도 매력을 느낍니다. 그는 곧바로 니진스키의 새로운 후원자가 되었고 댜길레프와 니진스키, 두 천재는 공식적인 애인이 되어 세트플레이를 시작합니다.

1909년 5월. 파리의 샤틀레극장에서 드디어 역사적인 발레 뤼스의 첫 공

반바지를 입은 〈지젤〉 속 니진스키의 모습

연이 열립니다. 그날 저녁 주인공으로 무대에 선 니진스키는 새로이 발레사의 한 페이지를 열며 날아오릅니다. 공연은 대성공을 거둡니다. 니진스키와 댜길레프가 최초로 모던 발레의 문을 열었고, 니진스키의 전성기도 그때부터 시작됩니다.

니진스키는 발레리노의 고정관념을 완전히 깨부쉈습니다. 발레리나의 파트너나 발레리나를 들어 올리는 보조자 역할로 평가 절하되었던 발레리노를 진정한 주인공으로 만들었으며, 춤추는 남자의 이미지에 새로운 혁신을 일으킵니다. 발레 세계에서 발레리노의 위상을 단번에 뒤바꿔 놓은 것이 바로 니진스키였습니다.

발레 뤼스를 통해 세계적인 명성을 얻게 된 니진스키는 마린스키 단원의 신분을 유지해야 할지 말지를 놓고 고민하기 시작합니다. 1911년, 마린스키를 떠나기로 마음먹은 그는 일부러 해고당하기 위해 〈지젤〉 공연에서 남자 무용수들이 관례로 입던 반바지를 벗어던지고 타이츠 차림으로 무대에 오릅니다. 남성의 주요 부위를 가리지 않고 실루엣을 그대로 드러낸 채 등장한 니진스키는 품위 손상의 책임을 물어 곧바로 해고됩니다. 자신에게 날개를 달아 주는 발레 뤼스에서 본격적으로 활동하기 위한 불가피한 선택이었지요.

이때 풍기 문란이라는 지적을 받았던 니진스키의 타이츠 차림은 아이러니하게도 현재 발레리노의 기본 복장으로 자리 잡았습니다. 사실 아직도 발레리노가 딱 달라붙는 타이츠만 입고 등장하는 것을 민망하게 생각하는 사람들이 꽤 있습니다. 발레리노 이야기를 할 때 타이츠를 꼭 입어야 하는지가 늘 입에 오르내리는 이슈이지요. 발레리노의 타이츠 착용은 니진스키의 〈지젤〉 사건 이후 시작되었으니 이제 100년이 조금 넘었을 뿐입니다. 하지만 움직임이 자유롭고 몸의 선을 효과적으로 보여 줄 수 있다는 장점이 더 많아서 타이츠는 이제 발레리노의 보편적인 의상이 되었습니다. 하지만 역사는 계속 변화하는 것이니 미래의 발레 의상은 또 어떻게 달라질지 아무도 알 수 없지요.

레온 박스트가 그린
〈목신의 오후〉 님프 의상 디자인

인체의 미를 탐한 니진스키의 도발

니진스키는 그저 춤꾼에 머물지 않고 안무가로서도 맹활약을 펼칩니다. 당연히 물심양면 그의 애인 댜길레프의 지원이 있었습니다. 니진스키의 안무는 개혁의 아이콘이었던 미하일 포킨보다도 더 혁신적이었습니다. 아니, 파격적이라는 말이 더 적절합니다.

1912년 발표한 그의 첫 안무작 〈목신의 오후〉는 발레 뤼스 단원들에게조차 발레가 아니라는 말을 들을 정도였습니다. 님프의 아름다움에 취한 반인반수의 목신인 판Faun의 관능적인 몽상을 그린 이 작품은 이런 내용입니다.

레온 박스트가 디자인한 〈목신의 오후〉 무대

〈목신의 오후〉 문제의 정사 장면

　숲이 무성한 대지의 언덕에 누워 있는 목신 판은 머리와 몸은 사람인데 허리 아래는 짐승인 괴물입니다. 어느 여름날 오후, 잠에서 깨어난 목신은 환상 속에서 살결은 희고 머리는 금발인 물의 요정들을 떠올립니다. 그는 몽롱한 육감과 관능적인 희열을 느끼며 다시 잠에 빠져들지요. 그러다가 갑자기 일곱 요정이 웅성거리는 소리에 잠에서 깬 목신은 요정들의 아름다움을 보기 위해 언덕 아래로 내려옵니다. 괴물이 오는 것을 알아차린 요정들은 놀라서 달아나고 그중 한 요정이 스카프를 떨어뜨립니다. 홀로 남은 목신은 요정의 스카프에 대고 자위행위를 합니다.

　시인 스테판 말라르메의 〈목신의 오후〉는 당대 문화에 큰 영향을 끼쳤습니다. 음악으로는 드뷔시의 〈목신의 오후 전주곡〉이 탄생했고, 미술로는 마티스의 〈생의 기쁨〉이 탄생했으며, 무용에서는 바로 니진스키의 전위적인 발레 〈목신의 오후〉가 만들어졌습니다.

니진스키가 안무를 맡은 초연은 선풍적인 화제를 모았지만, 급진적이고 생소했던 안무와 직접적인 성행위 묘사로 사회적 논란을 불러일으켰습니다.

〈목신의 오후〉는 외설 논란에 휩싸였지만 안무는 시대를 앞서가는 니진스키의 천재성을 고스란히 보여 주었습니다. 니진스키는 머리 방향이나 손끝 처리처럼 아주 사소해 보이는 부분까지도 치밀하게 짰고, 단원들에게 안무의 전 과정을 완벽하게 따르라고 지시했습니다. 당시의 발레 안무는 무용수 개인의 해석과 개성을 어느 정도 허용하는 분위기였지요. 그러나 니진스키는 한 치의 오차도 없이 춤추기를 요구했습니다. 손가락 하나의 움직임까지도 정확하게 요구하는 안무가는 그가 최초였다니 상당히 놀랍습니다. 10분밖에 안 되는 〈목신의 오후〉를 무대에 올리면서 정확한 안무를 해내기 위해 리허설만 무려 90번 넘게 했다고 하니 혀를 내두를 만합니다.

이전까지만 해도 발레 안무는 무용수의 기량이나 개성이 돋보이도록 짜는 것이 보통이었습니다. 하지만 니진스키는 그보다 작품의 주제를 표현하는 데 더 몰입했습니다. 모던 발레에서는 이런 안무 방식이 너무 당연하지만 당시로는 아주 획기적이었습니다.

게다가 턴아웃 한 다리나 팔의 기본 포

〈목신의 오후〉에서 목신 판을 연기하는 니진스키

지션을 완전히 무시한 그의 안무는 고전 발레의 정형에서 완전히 벗어난 것이었습니다. 대신 그리스 미술에서 영감을 받아 독특한 인체의 조형미를 움직임에 반영했습니다. 평면적이고 각진 자세로 움직이는 동작들이 바로 그것이었습니다.

니진스키는 에로티시즘을 강조하기 위해 타이츠를 입혀서 남성의 심볼을 두드러지게 했는데 이는 아름다운 육체를 향한 탐미의 시작이었습니다. 니진스키는 오랫동안 이어져 내려온, 발레에서 추구하는 미美의 개념을 완전히 무너뜨립니다. 이것은 모던 발레의 진정한 대혁명이었습니다.

〈목신의 오후〉의 초연이 끝났을 때 극장의 반응, 상상되시나요? 파리 샤틀레극장은 그야말로 난리가 났습니다. 작품에 대한 찬사와 비난이 동시에 쏟아졌고, 니진스키는 외설죄로 경찰에 체포되기까지 했습니다.

그런데 니진스키의 도발은 여기서 끝이 아니었습니다. 이듬해 그가 내놓은 새로운 작품 〈봄의 제전〉은 〈목신의 오후〉보다 더 큰 논란을 일으킵니다.

잠재된 본능 드러낸 파격, 논란을 부르다

긴 겨울이 끝나고 봄의 신에게 어린 소녀의 목숨을 바치는 제사 의식을 그린 이 작품은 앞서 발표했던 〈목신의 오후〉의 파격을 넘어선 충격 그 자체였습니다. 니진스키는 〈봄의 제전〉에서 기존의 발레가 요구하는 그 어떤 것도 반영하지 않았습니다. 원시적이고 샤머니즘적인 색채를 띠는 이 작품은 종교적으로도 논란거리가 됩니다.

발레를 우아하고 아름답다고 여기던 당시 관객들에게 니진스키의 〈봄의 제전〉은 괴상하기 그지없었지요. 무용수들은 땅속에서 에너지를 찾듯 무게중심을 낮게 유지하고 경련을 일으키듯 떨다가 갑자기 방향을 바꿔 걸어갑니다. 안짱다리로 땅 위에서 구르고 느닷없이 팔짝팔짝 뛰는가 하면, 가운데 소녀를 두고 원을 그리며 대열을 이루기도 합니다. 무용수들은 리듬과 색채, 선에 내재한 고유의 에너지를 원시적 몸짓으로 마음껏 풀어놓습니다. 그의

〈봄의 제전〉 안무를 손으로 쓰고 그린 무보집

춤은 따로따로 볼 땐 특별한 의미가 없으나 함께 모아 놓으면 대단히 강력하고 이해하기 쉬운 일련의 움직임이었습니다. 인간 내면에 잠재된 본능과 충동을 가차 없이 드러낸 〈봄의 제전〉은 관객들을 상당히 자극했습니다.

게다가 스트라빈스키의 음악은 여태 들어본 적이 없는 이상하고 공격적인 소리를 들려주었습니다. 음악의 리듬이 너무나 까다로워서 심지어 무대에 선 무용수들조차 끝내 정확하게 이해하지 못했다고 합니다. 그 때문에 니진스키는 연습 내내 출연진들의 항의에 시달립니다.

〈봄의 제전〉의 작곡가 스트라빈스키(왼쪽)와 안무가 니진스키(오른쪽), 1911년경

〈봄의 제전〉에서 니진스키는 춤을 추지 않았습니다. 자신의 발레 중 춤을 추지 않은 작품은 〈봄의 제전〉이 유일합니다. 그는 진짜 안무가로서 충실하고 싶었던 것 같습니다. 하지만 시대를 너무나 앞서간 탓일가요? 몇 번의 공연을 끝으로 이 작품을 더는 무대에 올리지 못합니다. 관객들이 너무나 거세게 항의했기 때문입니다.

실제로 초연 당시 관객들은 휘파람을 불고 고함을 치고 발을 쾅쾅 구르기까지 하는 과격한 반응을 보였습니다. 오죽하면 무용수들이 관객들이 내는 소리 때문에 음악이 들리지 않아 춤을 잠시 멈췄을까요. 그날의 대소동은 경찰이 출동하고 나서야 간신히 마무리됩니다.

동생 니진스카에 따르면 댜길레프가 니진스키에게 안무를 고치라고 충고도 하고 설득도 했다고 합니다. 하지만 니진스키는 그의 말을 단 한마디도 듣지 않았고, 자신이 믿는 예술에 대해 무엇과도 타협하지 않겠다는 태도를 보였지요. 어쩌면 이런 통제되지 않는 천재성이 그를 더 큰 불행으로 내몰았는지도 모르겠습니다.

충동적 결혼으로 나락에 빠지다

니진스키와 댜길레프의 관계를 둘러싼 이야기는 분분합니다. 누가 먼저 상대에게 강한 호감을 표현했는지에 대해서도 의견이 상당히 갈리지요. 니진스키의 아내 로몰라가 쓴 회고록에는 니진스키가 댜길레프에게 성적으로 고통당한 피해자로 그려져 있습니다. 하지만 무용연구가인 스헤이엔은 니진스키가 먼저 댜길레프의 애인이 되기 위해 매우 적극적으로 유혹했다고 주장했습니다.

니진스키는 아마도 성공을 위해서는 댜길레프의 힘이 필요하다는 것을 절감했을 것입니다. 그리고 실제로 그는 댜길레프를 통해 인생의 절정을 맛보게 됩니다. "댜길레프가 아니었다면 니진스키는 니진스키가 될 수 없었을 것"이라고 평가하는 평론가들까지 있으니, 좋은 의미건 나쁜 의미건 간에 댜길레프가 니진스키의 생애에 결정적인 영향을 끼쳤다는 것만은 분명합니다.

니진스키는 열아홉 살에

스트라빈스키의 〈봄의 제전〉 공연 장면

처음 댜길레프를 만났던 순간을 일기에 이렇게 적었습니다.

> 나는 나의 행운을 발견했다. 나는 서슴없이 그가 나를 사랑하는 걸 허용했다.
> 나는 마치 잎사귀처럼 떨었다. 나는 그를 증오했지만 그걸 나타내지는 않았다.
> 안 그러면 어머니와 내가 굶어 죽게 될 것을 알고 있었기 때문이다. 그래서
> 즉시 그에게 동의하는 척했다. 일단 살고 봐야 했으니까. 내가 치러야 할
> 희생이 어떤 형태이든 어차피 마찬가지였다. 그는 지독히도 남색을 탐닉하는
> 사람으로, 소년들을 사랑했다.

니진스키와 댜길레프는 5년 동안 함께 살았습니다. 하지만 불행히도 니진
스키는 동성애자가 아니었습니다. 니진스키는 이런 말을 했습니다.

"나는 진지하게 댜길레프를 찬미했다. 그리고 그가 여성을 사랑하는 일을
끔찍한 것이라고 말했을 때 나는 그를 믿었다."

니콜라이 레리히가 그린 스케치. 〈봄의 제전〉 초연 당시 무용수들의 복장과 무대 배경, 1913

파빌리온 다르마이드에 있는 바츨라프 니진스키의 초상화

그러나 가톨릭교도였던 니진스키는 성 정체성에 혼란을 겪으며 자기 혐오와 죄책감에 빠졌고, 댜길레프와 자주 다투었습니다. 니진스키는 그를 증오하면서 동시에 두려워했습니다.

원래 동성애자가 아니었던 니진스키는 댜길레프에게서 벗어나고 싶었지만 별다른 방법이 없었습니다. 그러다가 처음으로 댜길레프와 떨어져 있을 기회가 생깁니다. 1913년, 지독한 물 공포증이 있었던 댜길레프가 배를 타기 싫다는 이유로 남미순회공연에 동행하지 않고 파리에 남았던 것입니다. 그런데 니진스키는 이 순회공연 여행 중에 찾았던 부에노스아이레스에서 만난 헝가리 백작의 딸 로몰라와 충동적으로 결혼을 해 버립니다.

물론 손바닥도 마주쳐야 소리가 나는 법이지요. 그가 아무 여자나 붙잡고 결혼한 것은 아니었습니다. 로몰라는 니진스키의 열혈팬이었습니다. 그녀는 니진스키와 함께하기 위해 발레를 배웠고, 니진스키와 결혼하고 싶은 마음에 가족들을 졸라 객원 단원으로 남미 순회공연에 합류할 기회를 잡았던 것이지요.

마침 댜길레프에게서 도망치고 싶었던 니진스키는 국적이 달라 언어 소통조차 되지 않았는데도 자신을 좋아해 주는 여자와 즉흥적으로 결혼하기로 해 버렸습니다. 그때 같은 배를 타고 있었던 다른 단원들이 말렸지만, 니진스키가 다른 사람 말을 결코 잘 듣는 사람은 아니었지요. 파리에서 니진스키의 결혼 소식을 전해 들은 댜길레프는 길길이 날뛰었다고 합니다. 분노를 참지 못한 그는 니진스키가 돌아올 때까지 기다리지도 않고 곧바로 전보를 보내 그를 발레 뤼스에서 해고해 버립니다. 니진스키는 과연 댜길레프가 자신의 결혼을 순순히 받아들일 것으로 생각했을까요?

니진스키는 댜길레프에게서 벗어나는 데는 성공했지만 슬프게도 결혼과 동시에 그의 찬란했던 전성기를 마감하게 됩니다. 그때 그의 나이는 고작 스물넷, 즉흥적인 결혼으로 그는 추락의 길로 접어들고 만 것입니다.

댜길레프를 떠난 그는 무능했습니다. 아내의 도움으로 자신의 발레단을 창단했으나 발레단을 어떻게 꾸려 나가야 할지조차 몰랐습니다. 신경과민에 시달리던 그가 창단공연을 앞두고 쓰러지면서 발레단은 시작도 못 해 보고 공중 분해됩니다.

그리고 곧이어 1차 세계대전이 터졌습니다. 설상가상으로 그의 아내 로몰라의 국적인 헝가리와 니진스키의 국적인 러시아는 그 전쟁에서 적국이었습니다. 니진스키는 헝가리에 있는 처가에 갔다가 러시아인이라는 이유로 가택연금을 당하게 됩니다. 원래부터 강인한 성격이 아니었던 그는 실패와 공포로 위축되었고 심리적으로 불안해집니다. 1년 반이 지난 후, 댜길레프의 도움으로 겨우 가택연금에서 벗어났지만 니진스키는 이미 정신적으로 상당히 망가진 상태였습니다.

〈틸 오일렌슈피겔〉을 선보이며 발레 뤼스의 미국투어에도 참가했지만 통제하지 못하는 감정의 기복 때문에 결국 댜길레프와 완전하게 결별합니다. 그리고 그때부터 발레계에서 고립되어 자기만의 세계에 갇혀 지내기 시작합니다.

니진스키의 마지막 작품 〈틸 오일렌슈피겔〉

자기만의 세계에 갇혀 마감한 삶

어린 시절 겪었던 끔찍한 가난, 혁명 속에서 목격한 죽음들, 이성애자이면서 동성애자로 살아야 했던 삶, 댜길레프의 보호에서 멀어지면서 느꼈던 애증의 감정에 피해망상과 전쟁의 공포까지 겹치면서 그의 정신은 무너지고 맙니다. 니진스키는 댜길레프의 곁을 떠난 것을 후회하기도 했습니다. 아내를 진심으로 사랑하지도 않았습니다. 아내를 그저 '향기 없는 꽃'이라고 생각했을 정도였지요.

로몰라의 친정이나 주변 사람들은 그녀에게 이혼을 권유합니다. 심지어 정신과 의사조차 니진스키를 자유롭게 해 주라는 충고를 합니다. 하지만 로몰라는 남편의 병을 고치기 위해 큰 노력을 기울입니다. 그러나 결정적으로 니진스키의 병이 더욱 악화되는 사건이 벌어지고 맙니다. 로몰라의 친정 식구들이 니진스키를 강제로 정신병원에 입원시켜 버렸고, 이때 니진스키가 격렬한 발작을 일으킨 뒤 다시는 이전의 상태로 돌아오지 못했던 것이지요.

이후로 죽는 날까지 니진스키는 자기만의 세계에 갇혀 살았습니다. 로몰라는 프로이트와 융 같은 최고의 정신과 의사들에게까지 남편의 치료를 맡겨 봤지만 모두 헛수고였습니다. 니진스키는 무려 32년 동안이나 여러 정신병원을 전전하다가 1950년 결국 런던에서 숨을 거두고 맙니다.

니진스키는 정신이 완전하게 망가지기 전인 1919년 1월 19일부터 3월 4일까지 6주에 걸쳐 방대한 분량의 일기를 썼습니다. 니진스키가 죽는 날까지도 헌신적으로 그를 간호했던 아내 로몰라는 니진스키가 사망한 이후 그의 일기를 모아 《니진스키의 일기》를 출간했습니다. 그가 남긴 일기는 니진스키의 예술가적 면모를 보여 주면서도 정신분열로 망가져 가는 모습까지 고스란히 담긴 귀중한 자료로 평가받습니다. 로몰라는 남편의 일기 말고도 직접 《니진스키의 만년》이란 책을 써서 펴내기도 했습니다. 하지만 출판 직후 뜨거운 반응을 얻었던 그녀의 책은 시간이 지나면서 많은 논란을 낳았습니다.

책의 내용은 로몰라의 해석일 뿐 객관적이지 않았으며, 댜길레프를 일방적으로 악인으로 묘사했기 때문입니다. 게다가 로몰라가 죽은 뒤 소더비 경매에 부쳐진 《니진스키의 일기》 원본을 통해 로몰라가 자신에게 불리하거나 마음에 들지 않는 내용을 40퍼센트가량이나 삭제했다는 사실이 밝혀지기도 했습니다.

당시 서구 발레계를 주름잡던 니진스키의 발레 뤼스 동료들은 그런 로몰라를 좋아하지 않았습니다. 특히 리파는 로몰라가 책이나 인터뷰 등에서 댜길레프는 니진스키를 망가뜨린 인물로, 자신은 니진스키를 구원한 인물로 묘사한 것을 비난했습니다. 리파는 3년 뒤 니진스키의 유해를 파리 몽마르트 묘지로 이장하면서도 아내인 로몰라에게 그 사실을 알리지 않았습니다.

그런데 더욱 흥미로우면서도 충격적인 것은 니진스키의 열혈팬이었던 로몰라가 니진스키를 꼬드겨 결혼했지만 실제로 그녀는 레즈비언이었고, 남편이 정신병을 앓기 시작한 뒤에는 평생 여러 명의 동성 애인을 사귀었다는 사실입니다. 그가 정말 남편에게 헌신한 아내였는지 아니면 그저 광적인 팬이었는지는 그녀만이 알 테지요.

니진스키의 전기를 집필한 무용평론가 리처드 버클은 니진스키의 일생을 두고 이런 유명한 말을 남겼습니다.

십 년은 자라고, 십 년은 배우고, 십 년은 춤을 추었다.
그리고 나머지 삼십 년 동안 빛을 잃어 갔다.

그의 인생을 이보다 더 정확하게 표현한 말이 또 있을까요? 니진스키는 세계 무용사를 통틀어 누구와도 공통점이 없는 무용수였습니다.

George Balanchin

조지 발란신

1904~1983

눈으로는 음악을 듣고 귀로는 춤을 보는

발레는 강도 높게 몸을 써야 해서 엄청난 체력이 요구되는데, 발레리나들은 어쩜 그렇게 하나같이 깡마르고 날씬한지 궁금해하는 분들이 많습니다. 그토록 가녀린 몸으로 춤을 추는 것이 가능이나 한 일인지 신기하게 느껴질 정도지요. 일반인들이 발레리나들의 '몸 관리는 곧 다이어트'라고 생각할 정도로 발레리나들에게 한 줌의 살도 허용하지 않는 듯 보입니다. 어쩌다가 마른 몸의 발레리나를 당연하게 여기게 되었을까요?

발레 테크닉을 위험할 만큼 어렵게 만들어 강철 같은 발레리나들을 탄생시킨 안무가 프티파가 있었다면, 그에 못지않게 발레리나들을 혹사해 깡마른 발레리나 시대를 열었던 안무가가 있습니다. 바로 미국 발레의 아버지로 불리는 조지 발란신입니다.

조지 발란신의 원래 이름은 조르지 멜리토비치 바란쉬바쯔였습니다. 이름에서 풍기는 느낌처럼 그는 1904년 제정러시아의 페테르부르크에서 태어났습니다. 제정러시아는 18세기 초부터 1917년 러시아 혁명까지 황제 차르가 다스리던 시절의 러시아를 말합니다. 조르지 멜리토비치 바란쉬바쯔라는 다소 발음하기 어려운 이름은 나중에 댜길레프가 그가 세계적인 활동을 하게 될 때를 대비해 부르기 쉬운 조지 발란신으로 고쳐 주었고 오늘날까지 그는 조지 발란신으로 불립니다. 댜길레프의 영향력은 정말이지 끝이 없습니다.

그의 어린 시절은 상당히 유복했습니다. 유명한 작곡가였던 멜리톤 바란쉬바쯔를 아버지로 둔 덕분에 어린 시절부터 가정교육으로 음악을 배웠지요. 날카로운 눈매에 아름답고 섬세한 외모를 지닌 그는 어릴 적부터 조용한 아이였습니다. 그런데 그의 부모는 발란신이 열 살이 되던 해 그를 해군사관학교에 입학시키려고 했습니다. 아버지는 음악가였지만 어머니가 군인 집안 출신이었기 때문에 남자아이인 발란신에게는 군인이 더 어울린다고 생각했던 것입니다.

그의 부모는 줄곧 "저 아이의 곧은 등을 봐. 장교감이야. 군복이 정말 잘 어울릴 거야."라고 말했습니다. 아들의 곧은 등이 훗날 훌륭한 발레리노의 등이 될 것이라는 생각은 전혀 하지 못했던 것이지요. 하지만 운명은 그를 군인이 되도록 내버려 두지 않았습니다. 발란신이 사관학교에 입학 원서를 넣으러 갔을 때는 이미 정원이 다 차 버린 뒤여서 다음 해 입학을 기약하고 아쉬운 발길을 돌려야 했지요.

음악가였던 조지 발란신의 아버지
조르지 멜리토비치 바란쉬바쯔

그런 뒤 그는 같은 시기에 열렸던 누이의 황실발레학교 입학시험에 따라갔습니다.

그곳에서 한 교사의 권유로 얼떨결에 발레학교 오디션에 참여하게 됩니다. 그런데 어이없게도 오랫동안 시험을 준비했던 누이는 탈락하고, 아무런 준비 없이 따라갔던 발란신이 덜컥 발레학교에 합격합니다. 그가 만약 계획대로 무난히 해군사관학교에 원서를 넣고 입학했다면 우리가 지금 조지 발란신의 발레 이야기를 하는 일도 없었을 테지요. 인생은 때로 이렇게 계획 없이 흘러가나 봅니다.

고전주의 관성을 타파한 새로운 도전

하지만 발란신은 간절하지 않았던 탓인지 학교생활에 좀처럼 흥미를 갖지 못했습니다. 발레 동작들을 연마하는 힘든 연습이 전부 부질없는 짓처럼 느껴졌고 실제로 안무 기술도 제대로 터득하지 못했습니다. 게다가 혼자 있기 좋아하고 수줍어하는 성격 때문에 교우관계도 원만하지 못했습니다. '쥐새끼'라는 별명으로 불리며 놀림을 당하고 학교에서 도망쳐 나오기 일쑤였지요.

하지만 1915년, 그가 2학년이 되었을 때 상황은 달라집니다. 그는 프티파의 〈잠자는 숲속의 미녀〉에서 마지막에 나오는 큐피드 역할을 맡았는데 이때 이 무대에서 펼쳐지는 장면에 깊이 감동합니다. 특히 발레리나의 우아하고 화려한 기량에서 진정한 아름다움을 느꼈고 그때 느꼈던 감정은 훗날 그가 발레리노의 길을 선택하는 데 영향을 미칩니다.

그날 이후 발란신은 학교는 물론이고 발레 자체를 좋아하게 됩니다. 발레에 빠진 그는 연습에 몰두했고 내면의 예술성을 탄탄하게 구축해 가며 예술가로 점점 성장하게 됩니다. 게다가 피아노 연주 실력이 뛰어났던 그는 상급생들의 연습이나 발표 공연에 반주자로 불려 다니며 주목을 받기 시작합니다.

그러나 2년 뒤인 1917년, 러시아혁명이 일어납니다. 그해 러시아에서는 3월과 10월, 두 번의 혁명이 일어나는데, 3월 혁명은 차르 니콜라이 2세의 퇴위와 러시아 제국의 붕괴를 불러옵니다. 러시아는 이때 민주주의를 확립하는가 했지만 같은 해 10월 레닌의 볼셰비키가 권력을 잡으며 공산주의 국가로 바뀌고 맙니다. 국가적 부침 속에서 발레학교는 문을 닫고 발레단까지 해체되기에 이릅니다.

이듬해 그의 가족들은 모두 아버지가 있는 티플리츠로 갔지만, 발란신은 혼자 남아 발레학교가 다시 문을 열기를 기다립니다. 뜻하지 않게 가족과 이별한 그는 두 번 다시 가족들을 보지 못합니다. 그도 가족들도 상상하지 못한 이별이었지요. 혼자 남은 발란신은 어떻게든 살기 위해 낮에는 은행에서 심부름을 하거나 행상을 했고, 해가 지면 싸구려 영화관에서 피아노를 치면서 상당히 고생했습니다.

다행히 레닌 정부의 문화부 장관의 친구인 엑스큐소비치가 굉장한 발레 애호가여서 혁명 중에도 극장을 열기 위해 노력했고, 덕분에 학교는 다시 문을 열게 되지요. 극장은 혁명 이전처럼 주 2회 공연을 했지만, 음식도 땔감도 없어서 형편은 여전히 어려웠습니다.

그러나 발란신은 1921년 우수한 성적으로 학교를 졸업합니다. 그 후 마린스키발레단에 입단했지만 그는 무용수보다는 음악가가 되고 싶은 마음이 더

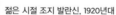
젊은 시절 조지 발란신, 1920년대

컸던 것 같습니다. 그 때문에 그는 음악이론 공부와 피아노 연습을 다시 시작했지만 오래 지나지 않아 작곡가로는 성공할 수 없는 자신의 한계를 깨닫습니다. 하지만 이때 발란신이 품었던 음악에 관한 관심과 애정은 그가 발레사에서 가장 음악성 높은 안무가가 되는 바탕이 되었습니다.

그 당시 러시아는 국가의 허락 없이 출국하는 것이 금지되어 있었기 때문에 서구 세계와 자유로운 교류가 불가능했고, 그 때문에 예술 분야는 세계의 흐름과 완전히 분리되어 있었습니다. 하지만 피카소의 큐비즘조차 전혀 전해지지 않았던 러시아에도 서서히 모더니즘의 바람이 불어오고 있었습니다.

18살의 발란신은 그런 흐름에 맞춰 앞서 나아간 예술가였습니다. 그는 학교 발표회에서 고전주의 관성에 젖은 러시아 발레에 새로운 도전을 시도해 상당히 혁신적이고 에로틱하다는 평가를 받습니다.

발란신은 그 뒤로도 학교 친구였던 디미트리예프와 함께 '젊은 발레의 밤'이라는 행사를 개최해 라벨의 음악을 사용한 〈법열〉과 쇼팽의 음악을 사용한 〈장송 행진곡〉, 두 작품을 선보입니다. 이때 혈기 넘치는 젊은 발란신이 거리에 내붙인 행사 홍보 포스터의 부제는 이것이었습니다.

'발레의 발전 – 프티파에서 포킨을 거쳐 바란쉬바츠까지'

마치 자신의 미래를 예측했다는 생각이 들 만큼 발레사를 정확하게 암시하는 놀라운 문구가 아닐 수 없습니다. 실제로 발레의 사조는 프티파의 고전주의로부터 포킨의 신낭만주의를 거쳐 발란신의 신고전주의로 발전하며 이어졌으니까요.

이 공연에 러시아의 젊은 예술가들은 열광했고 비평가들은 "그의 장래가 무척 기대된다."라고 평가했습니다. 하지만 고루한 마린스키발레단에서는 발란신을 좋게 보지 않았고, 되려 그를 학교에서 내쫓으려고 합니다. 발란신은 이에 굴하지 않고 자신의 작품들을 계속 무대에 올렸고, 그즈음 아름다운 발레리나 타마라 제브제바와 결혼도 했지만 1년도 안 되어 마린스키에서 해고되고 맙니다.

기술자에서 예술가로

1924년, 발란신은 함께 활동했던 친구 드미트리예프가 여름휴가를 이용해 작은 규모의 유럽 순회공연을 계획했을 때 발레리나인 아내와 함께 공연자 명단에 이름을 올립니다. 그러나 그들은 사실 공연 계획도 세우지 않았고 돈도 없었습니다. 그런데도 발란신과 단원들은 왜 유럽 순회공연을 계획하고 당국의 여행 허가까지 받았을까요?

맞습니다. 예상대로 공산주의 소비에트 연방, 일명 소련이 된 조국을 탈출하기 위해서였습니다. 그들은 러시아보다 유럽이 훨씬 더 많은 자유가 보장된다는 것을 알았고. 그곳으로 떠나기 위해서는 공연이라는 핑계가 꼭 필요했습니다. 이때 발란신의 나이는 스무 살이었고, 함께 떠난 무용수들의 평균 나이는 겨우 18살이었습니다. 아주 갑작스러운 탈출 작전에 성공한 조지 발란신은 자의로 소비에트 연방을 떠난 최초의 무용가로 기록됩니다.

탈출 후 단원들의 상황은 열악했습니다. 아무도 러시아어 말고는 유럽 어느 나라의 언어도 구사하지 못했으며, 유럽과 다른 스타일의 옷차림은 어색하기 짝이 없었습니다. 그런 악조건 속에서도 그들은 스스로 만든 의상을 입고 발란신이 직접 안무하고 작곡한 곡들로 독일의 한 해수욕장에서 공연을 했고 성공을 거둡니다. 하지만 기획자에게 공연 사기를 당하는 바람에 독일, 런던, 파리를 돌며 말할 수 없는 고생을 이어가다가 공연단이 결국 공중분해되고 맙니다. 발란신은 불행 중 다행으로 파리에서 댜길레프를 만나 인생의 큰 전환점을 맞이합니다.

훗날 발란신은 자신이 중요한 교육을 받은 두 번의 중요한 시기를 이야기했는데, 첫 번째가 러시아 황실발레학교와 마린스키발레단 시절이고, 두 번째가 바로 댜길레프와 함께한 발레 뤼스 시절이었습니다. 발레학교에서는 발레의 전통, 테크닉, 발레에 대한 사랑을 배웠고, 4년 반이라는 기간을 보낸 발레 뤼스에서는 심미적 안목과 판단력을 배워 원숙하게 성장했지요. 기술자에서 예술가로 거듭난 것입니다.

발란신이 안무한 〈뮤즈를 인도하는 아폴로〉

세계적인 안목을 가졌던 댜길레프는 곧바로 발란신의 재능을 알아보았고, 그에게 발레 뤼스의 새로운 안무를 맡깁니다.

그는 발레 뤼스에서 보낸 4년 반 동안 10여 편의 작품을 발표했습니다. 그 중 〈아폴로〉와 〈돌아온 탕아〉는 오늘날까지도 세계 발레 공연의 인기 있는 레퍼토리로 남았고, 특히 1982년 파리에서 초연한 〈아폴로〉는 그 시기 발란신의 예술에서 가장 중요한 작품으로 평가됩니다. 〈아폴로〉는 작곡가 스트라빈스키와 처음으로 작업했다는 점에서도 중요한 의미가 있지만 '신고전주의'라고 할 수 있는 발란신만의 고유한 스타일을 확립시켜 준 작품이기도 합니다. 〈아폴로〉에서 처음 만난 발란신과 스트라빈스키는 그 이후로 쭉 관계를 이어가며 죽는 날까지 서로의 발전에 중요한 역할을 했습니다.

미국의 국보급 존재가 된 발란신

이 시기에 형성된 발란신의 신고전주의는 고전 발레 테크닉에 뿌리를 두지만 정형성에서 탈피해 다양한 동작을 추구합니다. 그래서 발란신의 발레 대부분은 줄거리 없이 순수한 안무로만 표현하는 것이 특징입니다. 그리고 미국으로 건너간 뒤에는 신고전주의 발레에 미국적 악센트가 가미되면서 완전한 조지 발란신의 발레 스타일을 확립합니다.

그는 인간의 신체가 주는 아름다움을 예술 그 자체라고 생각했습니다. 그 중에서도 특히 여성의 신체는 그 자체가 진실한 미를 전달해 준다고 여겨 "발레는 여자다."라는 아주 유명한 말까지 남겼습니다. 발란신은 결혼을 네 번이나 했는데 공교롭게도 자기 말처럼 네 번 모두 발레리나와 결혼한 것을 보면 정말 발레가 여자라고 생각했던 것 같습니다.

1929년 댜길레프가 죽고 발레 뤼스가 해체될 때까지 발란신은 발레 뤼스에서 안무가로 활동합니다.

그리고 그의 나이 스물다섯, 발레 뤼스 해체 후 앞길이 막막했던 그에게 인생을 바꿔 놓을 일생일대의 인물이 등장합니다. 바로 미국의 발레 애호가

발란신의 아내였던 마리아 톨치프

발란신의 또 다른 아내였던 타나퀼 르 클레르크

이자 후원자인 링컨 커스타인이었습니다. 발란신의 인생에서 댜길레프를 만난 것이 첫 번째 전환점이었다면, 커스타인과의 만남은 두 번째 전환점이 되었습니다. 발레 뤼스의 공연을 보고 발레에 매료되었던 커스타인은 보스턴에 있는 유명 백화점 소유주의 아들로, 상당한 재력가였습니다. 발란신은 미국으로 건너와 자신과 함께 미국을 발레 강국으로 발전시켜 보자는 커스타인의 제안을 받고 곧바로 기회의 땅 미국으로 향합니다.

안무가 조지 발란신과 후원자 링컨 커스타인은 그야말로 환상의 콤비였습니다. 미국에 도착한 발란신은 조국 러시아의 황실발레학교를 떠올려 1934년 '아메리칸 발레 스쿨'이라는 이름의 발레학교를 창설합니다. 이는 수준 높은 무용수를 양성하는 것이 발레단의 성패에 얼마나 큰 영향을 미치는지를 잘 알고 있었던 발란신의 혜안이었습니다. 미국 발레는 아메리칸 발레

스쿨 덕분에 수많은 무용수를 배출했고, 미국이 20세기 후반 새로운 발레 강국으로 도약하는 기반이 되었습니다.

　2차 세계대전이 끝난 직후, 커스타인은 자신의 남은 재산을 모두 쏟아부어 현재의 '뉴욕시티발레단'의 전신인 '발레 소사이어티'를 결성합니다. 그리고 뉴욕은 마침내 세계적인 발레의 중심지가 되지요. 발란신은 자신이 창설한 발레단에서 30년 넘게 예술감독을 맡아 백여 편의 발레 공연을 올리며 실로 왕성한 활동을 펼칩니다. 그 덕분에 오늘날까지 '미국 발레는 곧 발란신'으로 통합니다. 그런 그가 미국과 적대적인 관계인 러시아 출신이라는 점은 참 흥미로운 대목입니다.

　〈세레나데〉는 미국에 도착한 그가 첫 번째로 안무한 작품입니다. 차이콥스키의 C장조 세레나데에 맞춘 〈세레나데〉는 발란신의 여성 중심적인 작품 스타일을 미국에 알리는 신호탄이 됩니다.

깡마른 발레리나 시대의 시작

　발란신은 자신의 작품 대부분에서 발레리나를 도드라지게 합니다. 댜길레프의 발레 뤼스가 남성 무용수를 중심에 세웠다면 발란신은 압도적으로 여성의 미를 강조했습니다.

발란신의 〈세레나데〉

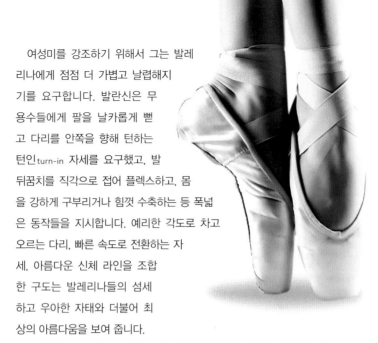

　　여성미를 강조하기 위해서 그는 발레리나에게 점점 더 가볍고 날렵해지기를 요구합니다. 발란신은 무용수들에게 팔을 날카롭게 뻗고 다리를 안쪽을 향해 턴하는 턴인turn-in 자세를 요구했고, 발뒤꿈치를 직각으로 접어 플렉스하고, 몸을 강하게 구부리거나 힘껏 수축하는 등 폭넓은 동작들을 지시합니다. 예리한 각도로 차고 오르는 다리, 빠른 속도로 전환하는 자세, 아름다운 신체 라인을 조합한 구도는 발레리나들의 섬세하고 우아한 자태와 더불어 최상의 아름다움을 보여 줍니다.

　　발란신이 주문하는 마치 베일 것처럼 예리한 아름다움을 표현하려면 당연히 길고 우아한 목과 가늘고 곧게 뻗은 팔다리라는 신체조건이 필요했습니다. 발란신이 유별나게 날씬한 발레리나를 좋아했기 때문에 육감적인 몸매의 발레리나는 그의 무대에서 주인공으로 설 수 없었습니다. 바로 이때부터 깡마른 몸의 발레리나가 당연하게 여겨지는 시대가 시작되었다고 해도 과언이 아닙니다.

　　발레리나들이 무용 기술뿐만 아니라 다이어트와도 싸우게 된 것이지요. 1970년대 미국의 발레 스타 젤시 커클랜드는 천재 발레리나 중 한 명으로 꼽혔지만, 약물중독으로 끝없이 추락했는데 배고픔과 압박감을 잊기 위해 마약을 시작했다고 말했을 정도입니다.

　　나중에 젤시 커클랜드는 한 방송 인터뷰에서 무리한 동작을 강요받아 몸이 너무 아프고 힘들어서 고통을 호소할 때마다 발란신은 비타민이라며 알

〈돈키호테〉에서 함께 춤을 추는 수잔 패럴(18살)과 조지 발란신

발레리나 수잔 패럴에게 정확한 안무를 지도하는 조지 발란신

약을 줬다고 했습니다. 젤시는 그 알약이 마약 성분의 암페타민이었을 것으로 추측했습니다. 그녀는 그때부터 힘들 때마다 마약에 의존하게 되었다고 합니다. 한 사람의 말만 듣고 사실인지 아닌지 판단할 수는 없지만 젤시의 고백이 생각보다 고달픈 발레리나의 삶을 대변해주는 것 같습니다.

하지만 발란신의 취향에 완벽하게 부응한 발레리나도 있었습니다. 그중 가장 대표적인 예가 '발란신의 발레리나'라고 불리는 수잔 패럴입니다. 미국 신시네티 출신인 수잔 패럴은 발란신이 가장 사랑했던 발레리나로 꼽히는 인물입니다. 그녀는 큰 키와 완벽한 팔등신의 뛰어난 신체조건뿐만 아니라 테크닉과 음악을 이해하는 감각까지 뛰어났습니다. 그 때문에 수잔 패럴은 발란신형 발레리나의 전형으로 평가받습니다. 발레 무대에서 주연을 맡고 싶은 발레리나들이 조각 같은 수잔의 몸매와 재능을 얼마나 부러워했을지 상상이 갑니다.

발란신은 자신의 안무와 찰떡같이 어울리는 수잔 패럴을 바라보기만 해도 창의력이 마구 샘솟았던 모양입니다. 그녀는 발란신이 만든 수많은 작품의 창조적 원천이 되었습니다. 발란신은 그녀를 위해 많은 작품을 만들었고 그녀는 완벽한 춤으로 보답했지요. 미국인들에게 자국 출신이자 뉴욕시티발레의 꽃인 수잔 패럴은 자랑거리였습니다.

그러나 패럴에게는 발란신과의 관계가 크나큰 영광이자 큰 상처이기도 했습니다. 발란신이 그녀를 편애한다고 생각했던 동료들이 그녀를 배척했을 뿐만 아니라 패럴에게 사적인 감정이 있었던 발란신이 그녀가 결혼하는 것을 허락하지 않았기 때문이지요. 그 일로 그녀는 캐나다로 떠나 버립니다.

한참 만에 다시 뉴욕으로 돌아와 발란신과 호흡을 맞추기는 했지만 발란신의 지나친 총애가 그녀에게 두고두고 상처로 남았습니다. 은퇴 후에 촬영한 다큐멘터리에서 그녀는 발란신과의 추문에 관한 이야기가 나오자 눈물을 흘렸습니다.

발란신이 없었다면 미국 발레도 없었다

발란신의 작품 면면을 들여다보면 프티파나 니진스키, 포킨처럼 어느 하나의 장르나 원칙을 고집하지 않고 끊임없이 다양한 스타일을 실험했다는 것을 알 수 있습니다. 그의 발레는 양적으로도 방대했지만 스타일도 아주 다양했습니다. 그가 뚜렷한 색채를 고집하지 않은 것은 어쩌면 그가 혼란스러운 청년기를 겪었고 다양한 교육을 받았던 영향 때문일지도 모르겠습니다. 그런 개인적 체험들이 그를 정치적 색깔도 없고 철학적으로도 무채색에 가까운 인간으로 만들었던 것이지요.

그는 어떤 것에도 휘둘리지 않고 성실하고 규칙적이며 조용하게 일했습니다. 새로운 작품의 공연을 앞두고 그는 매일 정오부터 밤 10시까지 쉬지 않고 일했으며, 동작과 스텝을 지시할 때도 앉아서 하지 않고 직접 시범을 보였다고 합니다. 일흔아홉에 갑자기 쓰러질 때까지도 그렇게 일했다고 하니 그의 삶에 은퇴란 없었던 셈입니다.

독특하게도 발란신은 어떤 방식으로도 자기 자신을 설명한 적이 없습니다. 그리고 자신에 대한 주변이나 언론의 찬사와 비난에도 별다른 반응을 하지 않았습니다. 무용평론가 아놀드 하스켈은 그런 발란신에 대해 "조금도 감정이 흔들리지 않는 극소수의 사람 가운데 하나"라고 말했습니다. 2차 세계대전이 끝난 후 세계 최대 강국으로 성장한 미국이라는 나라에서 '가장 위대한 안무가'로 칭하며 우상숭배에 가까운 대접을 하는 동안에도 그는 잠잠할 뿐이었습니다. 그와 일해본 사람들이 하나같이 "함께 일하기는 무척 편하지만, 근본적으로 불가사의한 인물"이라고 말한 것도 그 때문일 것입니다.

그는 우리에게 자신의 내면을 내보이지는 않았지만, 대신 음악을 볼 수 있게 해 주었습니다. 다채로운 그의 안무에서 가장 돋보이는 특징이 바로 경이로운 음악성이었으니까요. 오늘날 사람들은 발란신을 '안무의 모차르트'라고 칭송합니다. 그만큼 발란신 안무의 진가는 뭐니 뭐니 해도 음악이기 때문이지요. 그의 아버지가 유명한 작곡가였고, 어릴 적 가정교육으로 음악을 배웠으며, 발레학교를 졸업한 뒤 작곡가가 되기를 꿈꿨던 그의 배경을 생각하면 그리 놀랍지 않은 찬사입니다.

그는 온갖 음악을 발레 속에 녹여냈습니다. 열여섯에 시작하여 일흔아홉까지 이어진 그의 방대한 발레 작품의 공통점을 하나만 꼽으라면 바로 음악성이라 할 수 있습니다. 그는 단순히 음악에 어울리는 춤을 만드는 것이 아니라 음악에 대한 깊은 이해를 바탕으로 마치 음악을 눈으로 보는 듯한 안무를 만들었습니다. 안무의 모차르트라는 찬사가 괜히 나온 것이 아니지요.

발란신에게는 음악을 보는 재능이 있었던 것이 분명합니다. 그가 안무를 시작하기 전에 먼저 준비하는 것은 오로지 음악 연구라는 말까지 있었으니까요. 실제로 발란신은 리허설을 시작하기 전에는 어떤 자료도 준비하지 않았던 것으로 유명합니다. 그는 다만 음악을 연구하고 분석하며 거기에 맞는 춤만을 생각했지요.

당연히 안무보다 음악 연구에 압도적으로 많은 시간을 들였습니다. 그 때문에 공연 연습은 작품이 개막되기 3주 전, 때로는 겨우 1주 전에야 시작했다고 합니다. 보통은 몇 개월 전부터 연습하는 것을 생각하면 너무 짧은 시간이지만 발란신의 머릿속에 완벽하게 준비되어 있었기 때문에 잘 훈련된 무용수들은 곧바로 동작을 습득하기만 하면 되었습니다.

그것을 신기하게 여긴 사람들이 종종 어째서 발레를 음악에 맞추려고 하는지 물어보면 그는 이렇게 답했습니다.

"음악이 좋으면 좋을수록 안무는 더욱 좋아집니다. 만약 당신이 안무를 싫어한다면 당신은 언제나 눈을 감고 음악에만 귀를 기울이면 됩니다."

그는 과연 무용 역사상 가장 탁월한 음악성을 지닌 안무가였습니다. 미국의 무용가 마사 그레이엄은 발란신의 안무를 본 뒤 이렇게 평했습니다.

"마치 프리즘을 통해 빛을 보는 것 같았다. 음악이 그를 통해 흐르는 듯했다. 프리즘을 통해 아름답게 분해된 광선처럼 음악이 그를 통해 춤으로 분해되어 나왔다."

〈콘체르토 바로코〉는 발란신의 음악성을 제대로 보여 준 작품입니다. 바흐의 〈B단조 두 개의 바이올린 콘체르토〉에 맞춘 안무는 두 개의 선율이 동시에 흐르며 서로 엮이는 대위법을 활용한 것이었습니다. 더할 나위 없이 화려하고 치밀한 구도를 가졌으며, 음을 당기거나 밀어내는 절분법을 춤에 적용해 발란신만의 리듬을 창조합니다. 무용수들은 발란신의 작품에서 음표가 된 듯 다양한 선율을 이끌어 갑니다.

그의 대표작 중의 대표작인 〈주얼스〉에서도 음악을 눈여겨 볼 만합니다. 이 작품은 발란신이 1967년 뉴욕 5번가를 산책하다가 명품 주얼리 브랜드인 '반 클리프 아펠' 앞에서 영감을 받아 만들었습니다. 1막 에메랄드, 2막 루비, 3막 다이아몬드가 주제인 〈주얼스〉는 모두 자신이 자라고 거쳐 온 나라들을 상징합니다.

그가 태어나고 자라고 발레 교육을 받았던 러시아는 겨울의 눈처럼 순결한 다이아몬드로, 자신이 조국을 떠나 처음 정착했던, 본격 발레의 시작지이자 낭만 발레를 꽃피운 프랑스는 고풍스러운 에메랄드로, 전통에 얽

조지 발란신은 뉴욕 5번가를 지나다 반클리프아펠 브랜드의 보석에서 영감을 받았다.

매이지 않는 미국의 자유분방한 에너지는 불꽃 같은 루비로 표현했습니다. 이 작품에서도 발란신답게 음악을 적절하게 사용했습니다. 에메랄드 테마에서는 포레의 음악을, 루비 테마에서는 스트라빈스키의 음악을, 그리고 다이아몬드 테마에서는 차이콥스키의 음악을 사용해 음악과 춤의 관계를 모두 느낄 수 있게 했지요. 〈주얼스〉는 고전 발레의 줄거리나 무대장치를 배제하고 음악을 표현하는 무용수의 몸과 발레 동작을 부각하는 '신고전주의' 그 자체인 작품입니다. 그래서 나온 유명한 말이 바로 "여자는 보석을 좋아하고

발란신은 여자를 좋아한다."입니다. 참 재미있지요?

'발란신이 없었다면 미국 발레도 없었다.'고 해도 과언이 아닐 만큼 미국에서 발란신의 존재는 국보급입니다. 그런 그가 안타깝게도 1983년 4월 30일, 인간 광우병이라고 불리는 크로이츠펠트−야코프병에 걸려 사망했습니다. 속내를 좀처럼 알 수 없던 발란신답게 희귀했던 그의 사인은 사망한 지 몇 주가 지나서야 어렵사리 밝혀졌는데, 의사들은 그의 뇌를 절단해서 정밀조사를 한 뒤에야 가까스로 병명을 알아낼 수 있었다고 합니다.

맨 처음 발란신을 미국으로 초청했던 링컨 커스타인은 그를 가리켜 "그는 내 일생에 만난 어떤 사람보다 안정감이 있는 사람이다. 그는 비단처럼 부드럽게 걷지만, 사실은 강철보다 강하다."라고 말했습니다.

그는 진정 강철 나비가 아니었을까요?

Rudolf Nureyev

루돌프 누레예프

1938~1993

자유를 찾아 날아온 관능적인 발레리노

여러분은 어디에서 태어났나요? 요즘은 보통 병원에서 태어나지만 불과 30~40년 전까지만 해도 집에서 출산하는 일이 많았습니다. 옛날에는 거짓말 조금 보탠 우스갯소리로, 밭매다가 밭에서 아이를 낳았다는 말도 했고, 예수님도 마구간에서 태어났다고 알려져 있습니다. 가끔은 비행기 안에서 아이를 낳았다는 뉴스를 듣기도 합니다.

지금부터 말씀드릴 루돌프 누레예프는 특이하게도 열차 안에서 태어났습니다. 그것도 그 춥디추운 시베리아 횡단 열차 안에서 말이지요. 산모가 참 고생했을 것 같습니다. 누레예프의 아버지는 원래 농부였는데 러시아 혁명 시절 포병부대의 군인이 되면서 블라디보스토크에 자리를 잡았습니다. 누레예프의 어머니는 타지에 먼저 자리 잡은 남편을 만나러 가느라 만삭의 몸으로 세 딸을 이끌고 시베리아 횡단 열차를 탔다가 예정일보다 일찍 출산하게 된 것이지요. 누레예프는 기차가 몽골 국경 부근에 있는 바이칼호수를 지날 때 태어났습니다. 출생부터 이렇게 극적일 수가 있을까요?

훗날 그는 "나는 무용가가 되기 위해 태어났다."라고 말했는데 그러고 보니 그는 정말 태어나는 순간에도 춤을 춘 것이 아닌가 싶습니다. 얼음벌판 위를 덜컹거리며 달리는 열차 안에서 흔들리며 태어났으니 말입니다.

흔들리며 태어난 그의 인생, 벌써 흥미진진하지 않나요?

러시아 혁명기에 군인이었던 그의 아버지는 군대 생활을 오래 하지 못했습니다. 그리고 횡단 열차로 시베리아를 건넜던 그의 가족과 함께 '우파'라는 지역에 정착했습니다. 춥고 배고팠지만, 그곳에서 그는 자신의 인생을 바꿀 일대 경험을 하게 됩니다.

누레예프가 7살일 때, 평소 극장 공연을 좋아하던 그의 어머니가 어린 아들을 데리고 몰래 우파 오페라 발레 공연장에 들어갑니다. 그날 7살의 누레예프는 생애 처음으로 발레를 보았습니다. 그리고 곧바로 그의 운명이 결정되었지요. 그는 춤추는 무용수들을 보면서 자신이 춤을 추기 위해 태어났다고 확신합니다. 누레예프는 기차가 철로를 따라 지나가는 것을 지켜보며 언젠가는 자신도 반드시 떠나겠다고 스스로 다짐합니다.

흔히 그렇듯 그의 아버지도 무용수가 되려는 아들을 강하게 만류합니다. 그런데 누레예프는 어릴 적부터 고집이 보통이 아니었다고 합니다. 그는 그냥 집을 뛰쳐나와서 자기가 하고 싶은 일을 해 버렸습니다.

지방을 돌아다니며 민속춤을 배우고 어설프게나마 발레까지 배워서 우파 오페라발레단에 입단한 그는 어렵게 돈을 모아 16살이 되자 레닌그라드의 키로프발레단의 오디션에 도전합니다. 당시는 러시아 혁명이 끝나고 1922년부터 시작된 소비에트 연맹 즉 소련 시절이었습니다. 페테르부르크는 레닌이 사망한 후 그를 기념하기 위해 1924년부터 1991년까지 레닌그라드라는 이름으로 불렸습니다. 그러니까 1938년생인 누레예프가 활동하던 시절, 페테르부르크의 도시명은 레닌그라드로, 황실발레단은 키로프발레단으로 이름이 바뀌었습니다.

니진스키, 파블로바, 발란신 등 내로라하는 황실발레단 출신들이 대부분

10살 때 입학했던 것을 생각하면 16살이 돼서야 키로프발레단에 입학한 누레예프의 정규 교육은 상당히 늦은 감이 있습니다. 그러나 그는 입학하자마자 독보적인 우수성을 드러냅니다. 그는 무용수가 되기 위해 태어난 사람이었으니까요.

자유로운 영혼, 춤 잘 추는 반항아, 망명의 길을 택하다

하지만 그는 결코 고분고분한 학생이 아니었습니다. 그런 반항아가 따로 없었지요. 규칙이란 규칙은 죄다 위반했고 생활교육을 담당하는 사감들과 싸웠으며 심지어 잘못된 교육방법을 비난하며 교사 교체를 요구하기도 했습니다. 그러나 그 정도는 약과였습니다. 가장 황당했던 그의 행동은 정치적 반항이었습니다. 그 긴장되는 공산주의 국가 체제 안에서 누레예프는 청년 공산당원 훈련단체인 '콤소몰' 입단을 거부했을 뿐만 아니라, 개인적으로 금기나 마찬가지였던 영어 강습을 받았고 미국 소설을 즐겨 읽었습니다. 그 덕분에 키로프 발레단에서 영어를 자유롭게 구사할 수 있었던 사람은 누레예프가 유일했습니다. 자유로운 영혼을 넘어 그야말로 간이 배 밖으로 나왔다고밖에 생각할 수 없는데요. 누레예프는 그만큼 극도로 비정치적이고 반항적이었습니다. 하지만 실력이 워낙 뛰어났기 때문에 키로프 발레단의 주인공을 도맡아 할 수 있었습니다.

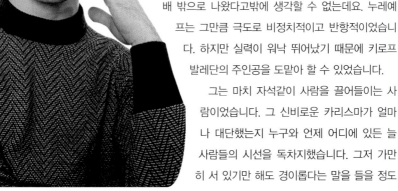

런던 왕립발레학교 시절의 누레예프

그는 마치 자석같이 사람을 끌어들이는 사람이었습니다. 그 신비로운 카리스마가 얼마나 대단했는지 누구와 언제 어디에 있든 늘 사람들의 시선을 독차지했습니다. 그저 가만히 서 있기만 해도 경이롭다는 말을 들을 정도였지요. 게다가 그의 춤은 마법이 따로 없었습니

이탈리아 로마에서 공연 중인 루돌프 누레예프와 릴리아나 코시

다. 실제로 니진스키의 여동생인 브로니스와바 니진스카도 누레예프의 춤을 처음 보았을 때 "나의 오빠가 환생한 것 같다."라고 말했다고 합니다.

그 시절은 2차 세계대전이 끝난 뒤 사회주의와 자본주의 진영 간의 갈등과 긴장이 절정에 달한 냉전 시대였습니다. 미국과 소련은 무엇에서든 경쟁하고 대립했는데 문화 예술 분야에서도 마찬가지였습니다.

소비에트 정권은 폐쇄적이고 억압적이었으며, 비인간적이었던 공산 정치의 이미지를 미화하기 위해 소비에트의 자부심인 발레단을 유럽 공연에 파견해 무용수들을 체제 선전용 도구로 활용했습니다. 아름답고 우아한 러시아 고전 발레는 소비에트가 귀족문화를 지닌 나라라는 이미지를 심어 준 일등공신이었습니다. 소비에트에서 파견된 발레단이 선보이는 화려한 무대장치와 의상은 유럽에 큰 파문을 일으켰으며, 이것은 엄청난 국가 수입으로 직결했습니다. 소비에트 정권은 무용수들을 아주 엄격하게 감시했습니다. 순회 공연 일정을 모두 정부에서 결정했으며 모든 생활과 활동에 엄격한 규칙을 정해 두었습니다.

1961년, 파리 순회공연에 합류했던 소비에트의 춤 잘 추는 반항아 누레예프는 정부의 이런 짓거리에 환멸을 느껴 정해진 규칙을 어기면서까지 서방 친구들과 어울려 레스토랑이나 바, 미술관 등을 돌아다닙니다.

누레예프의 이런 행동은 그를 감시하던 KGB 요원들을 화나게 했고, 파리 공연이 끝나고 런던 공연을 위해 르 브르제 공항에서 출국 수속 중이던 단원들 중 누레예프만 따로 모스크바로 돌아갈 것을 명령했습니다.

그 순간 누레예프는 이번에 귀국하면 다시는 소련을 떠날 수 없을 것이라는 것을 예감합니다. 누레예프는 고국으로 돌아가면 자신에게 무슨 일이 벌어질지도 예측할 수 없었고 생명의 위협까지 느꼈습니다. 파리에서의 일탈을 문제 삼지 않는다 해도 그는 이미 동성애자로 정부의 블랙리스트에 올라 있었으니까요.

스탈린 시대에는 동성애자들을 강제수용소로 추방했는데, 누레예프에 관한 혐의는 이미 KGB 문서로 엄청난 분량이 쌓여 있었기 때문에 실제로 그가 소련으로 강제 귀국을 당한다면 시베리아 수용소로 추방될 확률이 높았습니다. 이것을 눈치챈 파리의 안무가 피에르 라코트는 누레예프에게 마지막 작별 인사를 하는 척하면서 그의 귀에 대고 이렇게 속삭입니다.

"이봐 루돌프, 내 뒤에 클라라 사인트가 있어. 그리고 그녀의 뒤에는 프랑스 경찰이 있고. 너는 그냥 나한테 키스하고, 클라라에게 키스하고, 곧바로 경찰에게 달려가서 자유를 원한다고 말해. 그럼 끝나는 거야. 내가 말한 대로만 하면 돼."

KGB 요원들의 감시 속에서 키로프 단원들과 함께 줄지어 서 있던 누레예프는 라코트의 조언대로 프랑스 경찰에게 달려가 영어로 소리칩니다.

"나는 여기 있고 싶어요. 자유로워지고 싶어요!"

이 위태롭고도 아슬아슬한 사건이 바로 20세기 무용계에서 가장 극적인 사건으로 불리는 이른바 '누레예프 망명 사건'입니다.

1961년, 그의 나이 스물셋이었지요. 누레예프가 서방으로 망명한 1961년은 소련의 유리 가가린이 인류 최초로 우주 비행에 성공한 해이기도 합니다. 미국과 소련은 모든 일에서 경쟁을 벌였는데, 우주 개척에서도 예외가 아니었습니다. 상대국보다 먼저 우주로 나가려고 무모하리만큼 피나게 노력했던 두 나라의 대결은 바로 그해에 소련의 승리로 일단락되었지요. 그런데 그 극적인 승리가 무색하게도 같은 해에 누레예프가 소련의 민낯을 폭로하는 망명 사건을 일으켜 버린 것입니다. 많은 이들이 누레예프를 '러시아 발레의 유리 가가린'이라고 부르는 것도 1961년 유리 가가린의 우주 비행과 무관하지 않아 보입니다.

지구를 벗어난 유리 가가린이 우주에서 지구를 내려다보며 "지구는 푸르다."라고 했던 말은 아주 유명합니다. 한편, 소련을 벗어난 누레예프는 "나는 새장 속의 새와 같았다. 새는 날아야 한다."라고 말했습니다.

그는 소비에트 연방에서도 서방 세계에서도 이미 유명한 무용수였기에 그

의 망명은 엄청난 화제를 불러일으킵니다. 아마 함께 있었던 키로프 발레단원들도 크게 동요했을 것입니다. 소비에트 연방은 사회주의 국가의 파행이 알려질까 두려워 그를 송환하기 위해 가족을 볼모로 잡고 온갖 회유와 위협을 했습니다. 하지만 자유를 찾아 떠난 누레예프는 끝끝내 돌아가지 않았습니다. 그가 순순히 말을 듣지 않자 나중에는 교통사고로 위장해 그를 살해하려는 시도까지 있었다고 합니다.

누레예프가 망명 전 활동했던 파리 오페라 가르니에 무대

미국 발레의 대중화를 이끌다

미켈란젤로의 조각과 같은 육체와 배우 제임스 딘 같은 반항적 영혼, 그리고 니진스키의 재능까지 갖춘 누레예프는 그렇게 서구 세계로 넘어온 뒤 비틀스를 방불케 하는 발레 스타가 됩니다. 23살이었던 젊은 청년은 이후 30년 동안 최고 스타의 영광을 누리며 발레계에 막대한 영향을 끼쳤습니다. 전례 없는 그의 국제적 인기와 스타성은 사실 극심한 냉전체제 아래서 목숨을 걸고 철의 장막을 넘어 자본주의 체제를 선택했다는 화제성에 크게 힘입은 것이기도 합니다.

누레예프의 등장은 서구 발레계에서는 여태 한 번도 본 적이 없는 새로운 경험을 선사했습니다. 발레리나를 도드라지게 했던 조지 발란신의 영향으로 남성 댄서들이 절대적으로 약세였던 당시 발레계에 누레예프의 등장은 그야말로 큰 충격파를 던졌지요.

유럽과 미국을 넘나들며 본격적인 활동을 시작한 그는 발레의 문외한인

대중들에게도 큰 관심을 끌며 발레 대중화에 절대적인 역할을 했습니다. 조지 발란신이 미국 발레의 기본과 수준을 만들었다면, 루돌프 누레예프는 미국 발레의 대중화를 이끌었다고 해도 과언이 아닙니다.

누레예프는 춤꾼을 넘어 연예인과도 같은 존재였습니다. 그는 자기 자신을 '상품'이라고 표현했고 마음에 든다면 자신의 재능을 사라고 말하고 다녔습니다. 그런 자신감 덕분인지 누레예프라는 상품은 불티나게 팔렸습니다. 그의 출연료는 끝도 없이 올라갔는데, 그런 그의 조국이 사회주의국가였다는 점은 참 아이러니합니다.

그즈음 누레예프를 이야기할 때면 빼놓을 수 없는 한 사람이 있습니다. 바로 발레의 여왕으로 불리는 마고트 폰테인입니다. 누레예프의 인생에서 폰테인을 빼놓고는 말할 수 없고, 폰테인의 인생에서도 누레예프를 빼놓고는 말할 수 없을 정도로 둘의 관계는 특별했습니다.

발레 역사 최고의 콤비, 폰테인과 누레예프

브라질계 아버지와 아일랜드계 어머니 사이에서 태어난 폰테인은 남미의 이국적 분위기와 청순한 외모로 영국 로열발레단 최고의 발레리나로 활약했습니다. 그러나 1960년 40살이 되자 발레리나로서 은퇴의 갈림길에 설 수밖에 없었습니다. 체력이 떨어져 기량이 예전 같지 않았기 때문이지요. 하지만 폰테인은 60살이 넘어서까지도 맹활약을 펼친 발레리나로 역사에 남게 됩니다. 그녀에게 그런 생명력을 불어넣어 준 사람이 바로 루돌프 누레예프였습니다.

폰테인은 1961년 망명한 23살의 젊은 누레예프를 자신의 갈라 공연에 초청했는데, 자신감이 하늘을 찔렀던 누레예프는 곧바로 폰테인에게 듀엣을 요청합니다. 하지만 19살이나 많은 폰테인은 자신이 엄마처럼 보일 것이라며 처음에는 그 제안을 거절합니다.

하지만 이미 누레예프의 매력에 빠져 버린 예술감독과 관객들의 성화에

폰테인과 누레예프

미국 TV 쇼 'The Hollywood Palace'에 출연한 마고 폰테인, 프레드 아스테어, 루돌프 누레예프, 1965

폰테인은 결국 이듬해에 누레예프와 함께 〈지젤〉을 공연합니다. 3일간 이어진 이 공연은 대성공을 거둡니다. 박수가 15분 동안 이어졌고 커튼콜만 무려 20번을 했을 정도였지요. 이날 〈지젤〉 공연은 누레예프와 폰테인 시대의 시작을 알리는 서막이었습니다.

폰테인은 혈기왕성한 누레예프와 기대 이상으로 안무의 합이 잘 맞은 덕분에 새로운 에너지를 얻어 제2의 전성기를 누리게 됩니다. 누레예프 역시 폰테인을 만나 다소 거칠었던 동작들이 성숙하고 세련된 동작으로 발전하며 최정상 발레리노의 기량을 뽐내게 되지요. '발레 역사상 최고의 콤비'로 불리는 누레예프와 폰테인의 결합은 1960년대부터 70년대까지 장장 20여 년 동안 관객들을 몰고 다니며 세계 발레의 붐을 일으킵니다.

훗날 폰테인은 당시를 이렇게 회상했습니다.

내 발레 인생에서는 공연에 생기를 불어넣어 줄 영감을 발견하는 것이
늘 숙제였는데, 루돌프는 바로 그 신선한 공기를 내게 불어 넣어 주었다.
나는 그와 함께 춤추는 걸 좋아한다. 나는 그에게서 많은 것을 배웠다.
그와 함께 춤추면서 아무것도 배우지 못하는 사람이 있다면
그는 대단한 바보다.

야릇한 파트너십

두 사람의 관계는 점차 단순한 댄스 파트너 그 이상으로 바뀝니다. 폰테인은 유부녀였지만 두 사람은 어느새 사랑에 빠집니다. 폰테인이 누레예프의 아이를 임신했다가 유산했다는 동료들의 증언도 있었고, 누레예프도 폰테인과 성적 관계가 있었다고 고백했습니다. 하지만 두 사람의 관계는 평범한 이들은 이해하기 힘들 만큼 자유로웠던 것 같습니다. 폰테인은 끝까지 자신의 가정을 지켰고, 누레예프도 그녀와 돈독한 관계를 유지하면서도 동성 애인들과 공개적인 사랑을 했으니까요.

마고 폰테인과 티토 데 아리아스

어쩌면 이 두 사람은 20년이 넘는 시간을 파트너로 함께하며 때로는 사랑하는 연인이었다가 때로는 의지하는 동료였다가, 또 때로는 든든한 어머니와 아들이었다가 누나와 남동생이 되었을지도 모르겠습니다. 분명한 것은 두 사람이 서로에게 영혼을 넘어서는 예술적 영감을 주었고, 그런 관계가 단순한 파트너십을 넘어서는 호흡으로 나타났다는 것입니다. 활동 당시엔 누레예프가 이미 동성애자로 소문이 났기 때문에 두 사람의 성적 관계는 크게 부각되지 않았습니다. 게다가 폰테인이 오랫동안 지고지순한 아내의 이미지로 대중에게 각인되어 있었기 때문이기도 합니다.

젊은 시절 로열발레단의 발레리나로 세계 최정상에 우뚝 섰을 무렵 폰테인은 한 파티에서 파나마 전직 대통령의 아들이자 케임브리지 대학의 유학생인 티토 데 아리아스를 만나 첫눈에 반합니다. 두 사람은 뜨거운 사랑에 빠지지만 바람둥이였던 아리아스는 약속도 없이 폰테인을 두고 떠나 버립니다. 그런데 시간이 지나서도 두 사람은 첫사랑의 기억을 잊지 못했는지, 폰테인이 34살이 되었을 때 아리아스가 다시 그녀를 찾아왔고 폰테인은 그런 아리아스를 받아들입니다. 이미 세 아이의 아버지였던 아리아스는 폰테인과 결혼하기 위해 이혼까지 감행했다고 합니다.

그러나 꽃길만 걸을 줄 알았던 두 사람의 결혼생활은 예기치 못한 사건에 부딪힙니다. 정치인의 길을 걸었던 아리아스는 대통령 선거에서 4번이나 떨어졌으며 그런 와중에 바람을 피우는 것도 모자라 정적의 총에 맞아 하반신이 마비되어 평생 걷지도 못하는 신세가 되고 말았기 때문입니다.

그러나 폰테인은 최악의 남편인 아리아스를 끝까지 보살핍니다. 속사정이야 알 수 없지만, 불구가 된 남자를 곁에서 돌보며 헌신하는 것이 폰테인의 사랑법이었던가 봅니다. 그리고 그런 남편의 병원비와 재활치료비를 감당하기 위해 60살이 넘는 나이까지 쉬지 않고 춤을 춰야 했습니다.

1970년대 들어서면서 폰테인의 춤은 나이 탓에 형편없이 망가졌습니다. 그런데도 남편 때문에 춤을 추어야 하는 그녀를 관객들은 불쌍히 여겼다고 합니다. 이런 폰테인에게 꾸준히 경제적 도움을 줬던 사람이 바로 누레예프였습니다. 그는 폰테인에게 돈이 필요할 때마다 적지 않은 돈을 보내 주었습니다. 남편이 죽은 후, 골육종으로 투병하며 쓸쓸한 마지막을 보낸 폰테인을 끝까지 지켜 준 것도 누레예프였다고 합니다. 이런 파트너십이 또 있을까요?

자유를 찾아 날아온 하얀 까마귀

누레예프의 러브스토리 역시 폰테인 못지않게 뜨겁습니다. 망명한 그는 덴마크 로열 코펜하겐의 수석무용수 에릭 브룬과 공개 연애를 시작합니다. 두 남자는 성격이 달라도 너무나 달랐고 무용 스타일에서도 이견이 많았지만 둘은 열렬하게 사랑했습니다. 누레예프의 바람기 때문에 두 사람은 헤어졌다 만나기를 반복하다가 결국 연인

연인 에릭 브룬과 누레예프

관계는 끝이 났지만, 누레예프는 에릭 브룬이 죽기 직전까지 25년을 함께했습니다. 그리고 1993년 누레예프마저 에이즈로 세상을 떠났습니다.

남성 무용수의 춤에 새로운 활력을 불어넣은 누레예프는 특유의 성적 매력 때문에 죽는 날까지 일거수일투족이 뉴스거리가 되는 삶을 살았습니다. '타이츠를 입은 망명자'였던 그는 자신의 성적 매력을 너무나도 잘 알고 있었고 그것을 발레에 최대한 활용했습니다. 그의 무대 의상은 의도된 노출로 관능미의 극치를 보여 주었는데, 그런 그의 스타 기질은 발레 대중화에 결정적인 역할을 했습니다. 누레예프가 등장한 지 4년 만에 75개뿐이었던 미국의 상설 무용단이 무려 225개로 늘어났다고 하니 그 열풍이 얼마나 대단했는지 충분히 짐작할 수 있습니다.

TV쇼에 출연해 뱀 가죽 문양의 옷을 입고 소파에 앉아 여유만만한 웃음을 지어 보인 발레리노가 지금까지 있었을까요? 그는 이토록 눈부신 자유를 얻기 위해 다른 세계로 날아온 하얀 까마귀가 분명합니다.

호피무늬 옷을 즐겨 입었던 누레예프

파리 오페라 가르니에 실내에서 열린 누레예프 특별 전시회.
아직까지도 대중적으로 크게 사랑받는 누레예프

누레예프에 관한 수많은 서적

여행지에서 새로운 건물이나 유적지를 보면, 그 당시 사람들은 저곳에서 어떤 생각을 하고 어떤 삶을 살았을까 잠시나마 궁금해진다. 과거로 떠나는 여행은 어쩌면 과거를 알기 위해서가 아닌 미래를 내다보기 위한 것일지도 모른다. 우리는 미래를 생각할 때 과거의 발자취를 먼저 더듬어 보려 하기 때문이다.

나 역시 그런 마음으로 한국 발레의 미래를 생각하면서 세계 발레의 역사를 더듬어 보았다. 이 책에 나오는 것처럼, 발레는 이탈리아에서 시작되어 프랑스, 영국 등에서 본격적으로 발전했고 러시아에서 꽃을 피운 예술이다. 그리고 이제 발레는 전 세계가 즐기는 공연 예술로 자리 잡았다.

발레사를 살펴보면 역사의 중요한 순간마다 발레 예술의 발전에 크게 이바지한 인물들이 등장했다. 시대가 인물을 만들었고 인물이 시대를 이끌었다. 발레 역사는 그처럼 인류의 수많은 변화와 질곡과 함께하며 지금에 이르렀다. 변화는 언제나 새로운 사조를 탄생시키고, 새로운 시대를 열어 간다. 지금, 이 순간에도 새로운 발레 사조는 그렇게 생겨나고 발전한다. 예술은 하늘에서 뚝 떨어진 것이 아닌, 우리 생활에서 자연스럽게 탄생하는 것이다. 삶이 예술이고, 예술이 곧 삶이다. 예술과 삶은 그만큼 깊이 연관되어 있다.

이 책을 쓰면서 발레 예술의 발자취를 따라가는 과정이 나에게는 지나온 발레 예술의 향수를 일으켰고 다시금 발레 예술의 근본이 무엇인지를 일깨워 주었다. 그리고 더 나아가 발레를 어떻게 가치 있는 미래 문화유산으로 만들어 나갈 수 있는지 생각해 보는 계기가 되었다.

모쪼록 이 책에 등장하는, 변화를 이끌어 발레의 역사가 된 인물들을 보면서 독자 여러분께서도 새로운 도전을 두려워하지 않고 도전하는 삶을 살아가시길 바란다.

– 김긍수

나의 대학시절

이미지 출처

《군주론》 표지 / 앙리 2세 / 루이 14세의 돋보이는 다리 / 〈밤의 발레〉에 출연한 루이 14세 / 루이 14세 시절 발레 안무와 음악을 담당했던 장 바스티유 릴리가 베르사유 궁전에서 펼쳤던 발레 공연 / 태양왕 루이 14세 / 쥘 페로와 함께 춤추는 연인 그리시 / 세계 최초의 지젤 / 카를로타 그리시 / 최초로 〈지젤〉 이 공연된 살 르 펠르티에 극장 / 에드가 드가의 그림 〈발레수업〉 / 폴 귀스타브 피셔가 그린 덴마크 코펜하겐 왕립극장 발레학교 / 덴마크 최초로 세계적으로 명성을 떨친 발레리나 뤼실 그란 / 부르농빌의 나폴리 공연 장면 / 표트르 1세 / 젊은 시절 마리우스 프티파를 그린 초상화 / 마린스키극장의 호사스러운 무대그림 / 볼쇼이발레단의 발레 공연 〈돈키호테〉 1막 / 처음으로 32번 푸에테를 성공시킨 레냐니 / 마린스키극장에서 올린 〈호두까기 인형〉 원작 공연 장면 / 첼레스타 / 마리우스 프티파 / 〈잠자는 숲속의 미녀〉에서 라일락 요정으로 출연한 마리우스 프티파의 딸 마리 프티파 / 1909년 발레 뤼스의 〈클레오파트라〉 공연을 위한 레온 박스트의 세트 디자인 / 레온 박스트가 그린 레오니드 마신 / 아우구스트 마케가 그린 발레 뤼스 공연 장면 / 아내 베라 포킨과 함께 〈세헤라자데〉를 추는 미하일 포킨 / 레온 박스트가 그린 댜길레프 / 안나 파블로바 어린 시절 / 신문 기사에 실린 안나 파블로바 / 안나 파블로바 / 존 레이버리가 그린 안나 파블로바 / 장미의 정령을 연기하는 니진스키 / 〈목신의 오후〉에서 판 역할로 나온 니진스키를 그린 카툰 / 부츠를 신고 튜닉을 입은 바츨라프 니진스키 / 찰리 채플린의 영화 〈서니사이드〉의 포스터 / 레온 박스트가 그린 〈목신의 오후〉 님프 의상 디자인 / 레온 박스트가 디자인한 〈목신의 오후〉 무대 / 〈목신의 오후〉에서 목신 판을 연기하는 니진스키 / 파빌리온 다르마이드에 있는 바츨라프 니진스키의 초상화 / 니진스키의 마지막 작품 〈틸 오일렌슈피겔〉 / 젊은 시절의 조지 발란신 / 발란신이 안무한 〈뮤즈를 인도하는 아폴로〉 / 발란신의 아내였던 마리아 톨치프 / 발란신의 또 다른 아내였던 타나퀼 르 클레르크 / 조지 발란신은 뉴욕 5번가를 지나다 반클리프아펠 브랜드의 보석에서 영감을 받았다 / 런던 왕립발레학교 시절의 누레예프 / 이탈리아 로마에서 공연 중인 누레예프 / 미국 TV쇼 'The Hollywood Palace'에 출연한 마고 폰테인, 프레드 아스테어, 루돌프 누레예프 _ **위키미디어**

222

카트린 드 메디시스 / 마키아밸리 / 〈프롱드의 난〉 역사화 / 장 바티스트 페로노가 그린 장 조르주 노베르의 초상 / 마리 앙투아네트 / 파블로바를 존경하는 마음으로 그녀를 위해 만들었다는 케이크 / 〈왕비의 발레 코미크〉 공연 당시를 그린 삽화 / 전차 분수 / 8살의 루이 14세 / 〈밤의 발레〉 악보 / 태양왕 루이 14세가 발레 무대로 사용했던 베르사유 궁전 거울의 방 / 《무용과 발레에 관한 편지》 / 슈투트가르트에서 데뷔한 독일 무용수 안나 하이넬 / 쥘 페로 / 〈라 실피드〉를 공연하는 탈리오니 / 1854년 런던에서 초연된 〈파 드 카트르〉 / 오귀스트 부르농빌 / 오귀스트 부르농빌의 아버지 앙투안 부르농빌 / 당대 '춤의 신'이라 불렸던 오귀스트 베스트리스 / 마리우스 프티파 / 프티파의 〈라 바야데르〉 안무 노트 / 〈두까기 인형〉 세트 스케치 / 세르게이 댜길레프 / 댜길레프의 첫사랑 디마 필로소프프 / 댜길레프와 친구들 / 레온 박스트가 디자인한 〈불새〉의 의상 스케치 / 레온 박스트가 디자인한 또 다른 의상 / 발레 뤼스 무대를 그리는 피카소 / 〈뮤즈를 인도하는 아폴로〉 발레 뤼스 공연 장면 / 백조 옷을 입은 안나 파블로바 / 볼쇼이극장에서 활약했던 초기 안나 파블로바 / 반바지를 입은 〈지젤〉 속 니진스키의 모습 / 〈목신의 오후〉 문제의 정사 장면 / 〈봄의 제전〉 안무를 손으로 쓰고 그린 무보집 / 니콜라이 레리히가 그린 〈봄의 제전〉 초연 당시 무용수들의 복장 및 무대 배경 / 조지 발란신 / 음악가였던 조지 발란신의 아버지 조르지 멜리토비치 바란쉬바쯔 / 〈돈키호테〉에서 함께 춤을 추는 수잔 패럴과 조지 발란신 / 발레리나 수잔 패럴에게 정확한 안무를 지도하는 조지 발란신 _ **위키피디아**

앙리 2세의 평생 연인 디안 _ **나무위키**
파블로바의 토슈즈 _ **브리태니커**
폰테인과 누레예프 _ University of Dundee The Peto Collection

A Ballet Story
발끝으로 서서 읽는 발레 이야기

초판 1쇄 발행 2024년 3월 22일

지은이 김긍수
엮은이 강민보
드로잉 엄윤경

펴낸이 정영구
펴낸곳 누림과이룸
편집 전정숙, 박영희, 성시형

등록 제25100-2017-000010
주소 서울시 동작구 사당로27길 78(사당동) 501호
전화 02) 811-0914
이메일 zeronine86@hanmail.net
페이스북 facebook.com/nurimiroom

디자인·인쇄 디자인화소

ISBN 979-11-91780-13-0 03680
정가 27,000원

숨 그리고은 누림과이룸의 문화예술 출판브랜드입니다.